商业模式创新与重构：

数字化时代企业如何高效经营，提高利润

刘国华　陈云勇◎著

人民邮电出版社
北京

图书在版编目（CIP）数据

商业模式创新与重构 : 数字化时代企业如何高效经营，提高利润 / 刘国华，陈云勇著. -- 北京 : 人民邮电出版社，2022.9（2022.9重印）
ISBN 978-7-115-59379-5

Ⅰ. ①商… Ⅱ. ①刘… ②陈… Ⅲ. ①企业管理－商业模式－研究－中国 Ⅳ. ①F279.23

中国版本图书馆CIP数据核字(2022)第097654号

内 容 提 要

在国家大力倡导创新创业的时代背景下，企业创新并不只是具体的产品、渠道、推广手段及内部经营管理方面的创新，更不是提出一两句新口号、寻找一两位新代言人。企业必须在商业模式的创新上下足功夫，再结合其他手段，才能促使自身快速发展。

本书主要内容包括：创新时代不欢迎旧商业模式、商业模式与商业战略、商业模式创新的原则与策略、不能不懂的商业模式、商业模式的设计理念、八大核心与五个基础步骤、商业模式设计的关键步骤、商业模式的资本模式设计、商业模式如何对接企业愿景。

本书适合企业管理者、创业者等阅读使用。

◆ 著　　　刘国华　陈云勇
责任编辑　李士振
责任印制　周昇亮
◆ 人民邮电出版社出版发行　　北京市丰台区成寿寺路 11 号
邮编　100164　　电子邮件　315@ptpress.com.cn
网址　https://www.ptpress.com.cn
河北京平诚乾印刷有限公司印刷
◆ 开本：720×960　1/16
印张：17　　　　2022 年 9 月第 1 版
字数：258 千字　　　　2022 年 9 月河北第 2 次印刷

定价：78.00 元

读者服务热线：(010)81055296　印装质量热线：(010)81055316
反盗版热线：(010)81055315
广告经营许可证：京东市监广登字 20170147 号

前言

本书对企业来说具有很强的实用性，能帮助企业解析当前市场竞争下的商业模式。

我们已经进入数字经济时代，商业发生了天翻地覆的变化。今日，我们已经不能再给企业、市场、客户下狭义的定义，因为企业可以化整为零，市场可以以模式为导向，而客户则可以深入地参与整个商业，这就是这个时代商业的特色。

当企业经过高速发展阶段，进入精细化发展阶段时，有走在时代前沿的引领者与开创者。他们的共同特点是有能力对商业模式进行颠覆与创新，能设计出适合自己行业、领域和企业的商业模式，构建庞大的商业矩阵。

企业的创新，需要由企业家来统领执行。企业创新并不只是具体的产品、渠道和内部经营管理方面的创新，更不是提出一两句新口号、寻找一两位新代言人、打造一两个新品牌。创新必须围绕商业模式展开，企业家只有在商业模式的创新上下足功夫，才能让企业快速发展。

企业商业模式创新，究竟应该如何着手呢？

如果说商业模式的核心是如何优化资源配置和精细化经营，那么商业模式创新的核心就是企业家如何以新的方式优化资源配置和精细化经营。

首先，企业要更加关注客户需求的变化，从根本上思考企业应该从哪些方面和角度去满足客户的需求。如产品生产模式、推广模式等的设计，都不应该墨守成规，而要尝试采用更加贴近当下消费者的方式。如很多餐饮企业为原来认为无法外卖的产品开发了外卖包装，很多传统企业全面进入短视频直播领域等。

其次，创新商业模式，就意味着要重组诸多商业的要素，引入其他工具、资源等，进行资源的再配置，不论是资金、供应链，还是客户关系，都会因为资源的再配置，发生巨大改变。这样一来，新的商业模式就会形成。

当然，商业模式的创新，也可能是提供全新的产品或服务。如借鉴其他行业的形式和模板，融入本行业的特点和优势，就能形成一种有别于其他模式的新模式。这样产品和服务就变成了全新的“物种”，市场和客户也会乐于接受。

商业模式的创新，实际上是企业家为企业设计的一条升级之路。有了这条路，企业中的每个人都可以知道自己的角色和位置，了解自己应该努力的方向，进而提高企业的经营管理水平。

商业模式的发展是没有止境的。企业家必须紧跟新时代、新环境下商业模式的发展脚步，重点从商业模式和企业愿景的关系、和企业使命的关系来判断企业整体的战略与优化方向，这样才能让企业不断发展。

本书正是基于这样的考量，力图梳理更多、更全面的商业模式，并从中总结和归纳商业模式设计的底层逻辑与核心，体现了作者对商业模式的独特理解及分析。作者从现实的角度分析了商业模式创新的痛点、难点、重点，并辅以落地的商业案例分析和模式关键总结。

本书以介绍商业模式相关知识为主，结合经典案例，全面展示了各种商业策略与方法，并提出了可操作、可执行的步骤。

作者

2022 年 7 月

目录

第 1 章　创新时代不欢迎旧商业模式

第 2 章　商业模式与商业战略

第 1 章
创新时代不欢迎旧商业模式

时代在发展、社会在进步，商业竞争中永远会有新商业模式出现，不断替代旧商业模式。企业不能一直靠旧商业模式维系辉煌，必须创新商业模式。

1.1 企业为什么需要商业模式

企业离不开商业模式。管理学家彼得·德鲁克曾预言："21 世纪企业之间的竞争，不再是产品、价格与服务之间的竞争，而是商业模式之间的竞争。"有了成熟的商业模式，企业就叩响了通往成功的大门。

1.1.1 什么是商业模式

商业模式的内涵相当丰富和宽泛。广义上，商业模式包括企业如何运营、如何管理、如何整合资源、如何拓展市场等。如果必须用一句话来形容其本质，那就是"企业用怎样的商业逻辑获得利润"。

有了合理的商业逻辑，企业才能获得越来越多的利润。基业长青的企业，大多有着能发挥独特力量的商业模式，而拥有的商业模式是否科学、适合企业，决定着企业的利润能否不断增加。

图 1.1-1 展示了商业模式框架，它包含伙伴网络、客户价值主张、客户细分等关键要素，描述了企业捕捉价值、创造价值、传递价值的基本原理。

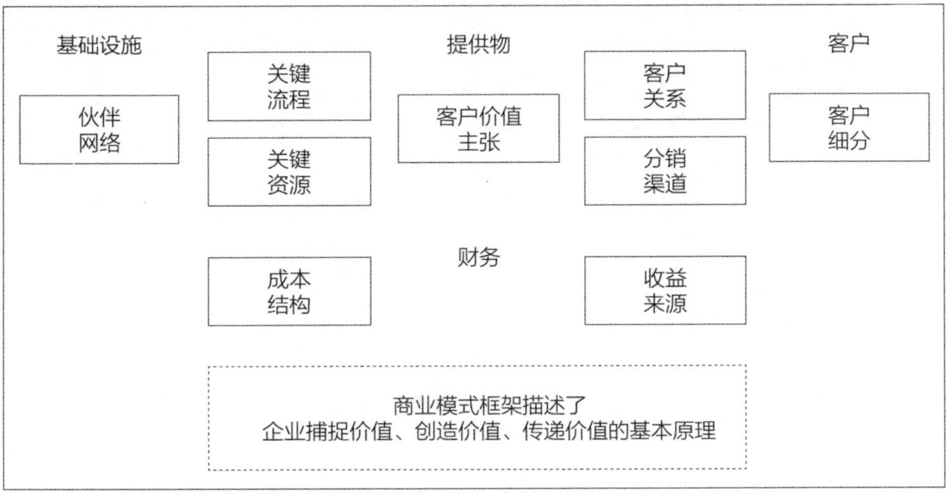

图 1.1-1　商业模式框架

从市场竞争角度来看，任何一个企业都希望利润倍增，获得更大的生存和发展空间。而想要做到利润倍增，企业必须要做到在每一个发展阶段都拥有科学的商业模式。

这就要确保商业模式不仅现在能助力企业创造利润，还可以在未来助力企业持续实现盈利。而商业模式想要助力企业持续实现盈利，在具备竞争力的同时，还要具备可持续性。

分析商业模式时，应该充分分析模式自身是如何发挥、保持和强化能力的。如何让商业模式助力企业实现盈利并使利润持续翻倍，这是企业在成立之初的顶层架构设计过程中应该特别注重的。

苹果公司之所以能够持续不断地获得利润，是因为其商业模式能持续为公司带来竞争优势。

完整的商业模式有四个联系密切的要素：客户价值、盈利模式、关键资源和关键流程，如图 1.1-2 所示。只有将这四个要素充分整合并发挥其效力，商业模式才能发挥出应有的力量。

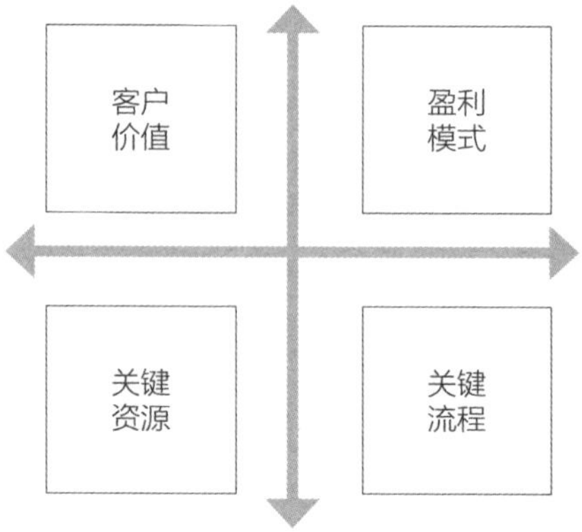

图 1.1-2　完整商业模式的四要素

1. 客户价值

客户价值是指商业模式能够为企业的客户带来的价值。商业模式为客户带来的价值越大、越不可替代，商业模式的力量就越大。

2. 盈利模式

盈利模式是指企业通过提供客户价值来获取利润的方式。盈利模式越高效，企业利润翻倍的速度就越快。

3. 关键资源和关键流程

关键资源反映企业怎样调动并汇聚资源，而关键流程则代表企业怎样用内部的管理制度和企业文化确保上述所有过程实现。关键资源和关键流程将会影响商业模式能否长效发挥力量。

虽然完整的商业模式理应具有上述四个要素，但在现实的企业经营设计中，部分企业的商业模式并不健全，并不真正具备完整的体系。这样的商业模式虽然看起来可取，但难以具备持久的竞争力。

我们如果长期观察，会发现某些企业的商业模式虽然在运行初期看起来有较好的盈利模式，但这种盈利模式实际上是建立在国家政策红利、消费者短期需求，或跟风一些大企业、大品牌经营行为的基础之上的。当市场环境稍微变化，比如，国家政策发生改变、消费者需求升级或者竞争对手创造出新的模式之后，这些企业会意识到，由于自身没有提供足够的独特价值给消费者，原来的商业模式将面临失败的风险。

诸如此类的问题在不少企业中出现。例如，虽然商业模式能为客户提供特定价值，但企业没有足够的关键资源予以支撑，结果特定价值无法持续供应。

为避免上述问题，企业家必须全面看待商业模式，从而确保商业模式从理论设计到落地实施都能有足够的资源作为支撑。从这四个要素来分析苹果公司的商业模式，我们就能明白，该公司的利润之所以可以不断增长，绝不只是因为某一件产品或某一类因素的作用，而是因为该公司打造了全面的商业模式。

【案例拆解】

在客户价值创造上，乔布斯个人和他所率领的团队，不断推出新产品，让其承载先进的硬、软件技术，并满足客户的需求，因而取得了成功。由于苹果公司在 iPod + iTunes、iPhone + App Store、iPad 等一系列产品中始终关注为客户创造价值，所以其商业模式始终从这一系列产品中获得源源不断的力量。

在盈利模式上，苹果公司主要有两大途径：销售硬件产品来获得一次性的利润；销售音乐、游戏等应用程序获得重复性的持续利润，并从提供给音乐商、软件开发者的平台中获益。

上述两大途径能够相互给予正面的影响，形成良性循环，因此，无论是苹果公司的硬件还是软件，都能获得比同类产品更高的利润。即使在乔布斯去世之后，苹果公司依然牢牢掌握着核心资源和技术。这也意味着，苹果公司的利润能够随着其规模扩大、产品种类增多而迅速增加。图 1.1-3

所示为苹果公司的利润闭环，其多个节点上都有利润产生。

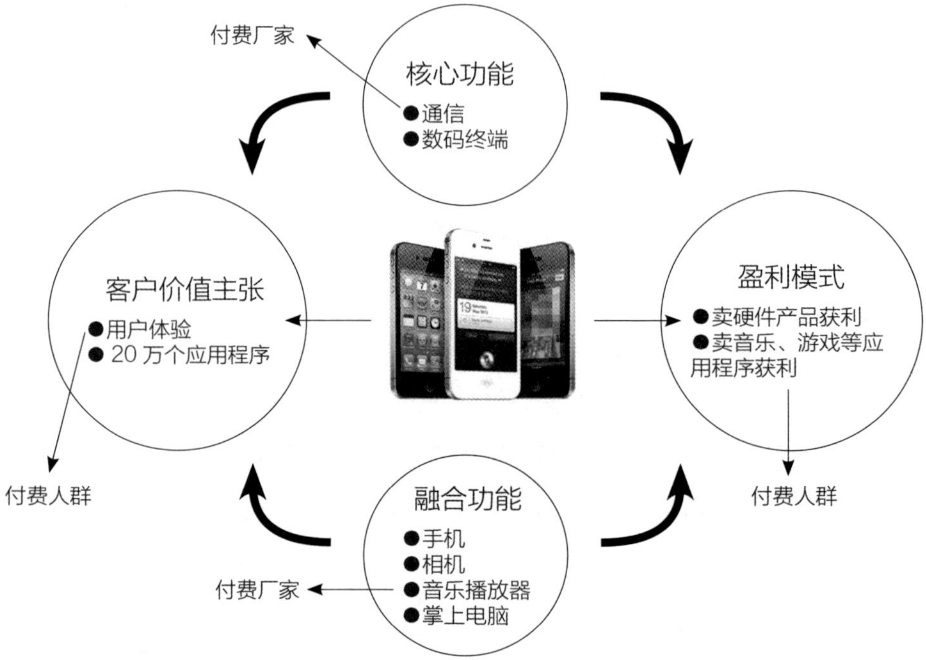

图 1.1-3　苹果公司的利润闭环

除了上述两方面因素支撑着苹果公司实现利润倍增之外，苹果公司还注重关键资源和关键流程的使用。

从关键资源来看，苹果公司重要的资源包括独特的品牌价值、创意丰富的设计和技术人员，以及创始人乔布斯。实际上，这三者被有效整合，促进了苹果公司利润的提高。例如，正是因为独特的品牌价值和乔布斯的个人魅力，苹果公司才能不断吸引优秀人才进入公司。

同样，苹果公司商业模式中的关键流程也能作为重要的支撑因素，确保其不断获得更多利润。这些流程包括公司对创新的鼓励机制、对研发和设计追求完美的精神，以及对产品更新换代的管理等。这些流程确保了苹果公司在提供价值、获取利润时，同样具有稳定的复制与扩展功能，可以不断将现有的商业模式移植到更新的产业中，拓宽公司经营的领域。

从对苹果公司的商业模式的解读中，我们看到了商业模式创新所带来的力量，这种力量是具有生机和活力的，甚至可以是革命性的。通过构造商业模式，企业获取利润的方式得以改变，而这比获取利润本身更加重要。

【模式关键】

商业模式反映了企业的长远发展战略。以苹果公司为例，在最初的发展中，乔布斯构建的商业模式突出优质、优价战略，后来他改变了商业模式，推出了“硬件＋软件”战略，随着一系列产品的推出，苹果公司正式转型为一家平台公司，利用平台化的商业模式来获取更多利润。

苹果公司的成功并不容易复制，但借鉴苹果公司的商业模式，能够总结出以下要点，从而帮助企业构建系统的商业模式，并从中获得让利润倍增的力量。

1. 明确定位

想要让商业模式的四个要素得以均衡，企业家必须明确企业的定位。定位内容包括企业应该做什么，应该提供具有什么特征的产品和服务。明确定位是企业利用商业模式获取利润的基础。

2. 打造高效的业务系统

打造高效的业务系统，能够让企业获取充分的关键资源，形成关键流程，围绕自身定位建立价值网络，进行价值传递。由此可见，高效的业务系统是商业模式发挥力量的重要基础。

3. 形成盈利模式

盈利模式并非商业模式的全部，却是商业模式让利润倍增的关键。企业家必须使用多种成本分配与收益获取机制，形成独特的盈利模式，才能让企业的商业模式具有区别于其他企业的优势。

对于今天的企业来说，商业模式是连接战略和框架的重要手段。企业如果想要在竞争中做大做强，就必须充分重视和科学把握商业模式。优秀的商业模式将会成为企业的利润源泉，推动企业不断前进。

1.1.2　企业倒闭真的只是因为经营不善吗

企业是在商品经济范畴内，作为组织单元的多种模式之一，按照一定的组织规律，有机构成的经济实体，一般以营利为目的，以实现投资人、客户、员工、社会大众的利益最大化为使命，通过提供产品或服务换取收入。为获得长期稳定的利润增长，企业必须应用适合的商业模式。

企业能否在激烈的竞争中存活并取得良好发展，与其商业模式有关。一些倒闭的企业，其倒闭的原因不仅与具体经营问题或对手的强大有关，更重要的是其商业模式落后了。

换言之，商业模式的落后是“因”，具体经营问题才是“果”。

任何商业模式都不会永远成功。即便其具有一定的稳定性，但不变是相对的，变化才是绝对的。商业模式不符合时代环境，就会落后，企业应及时改变商业模式。

绝大多数企业家对此持认同态度，问题的关键在于如何判别商业模式是否符合实际。商业模式已无法维系竞争力时，有的企业家仍认为“一切如常”“没什么问题”，但此时无论他们采取何种经营策略，企业迟早都会付出沉重代价，甚至被市场淘汰。

企业家正确认知商业模式的重要性高于设计和执行经营策略。尝试分析商业模式但看不清现状，或不去发现商业模式的可进化空间，都属于企业家认知层面的问题。这是成功企业走向衰落的重要原因。

【案例拆解】

今天，已经很少有人能回忆起“施乐”这个曾经辉煌的品牌了。20 世 50 年代末，它曾在全球复印行业占据主导地位，此后便逐渐走向衰落。

20 世纪 50 年代，市场上常见的复印技术是“光影湿法”和“热干法”，用这些技术复印出的文件颜色黯淡、味道很重。此时，施乐推出了崭新的“914”牌静电复印机，其特点是所复印文件字迹清楚、版面洁净，复印效率高，而且使用普通纸，有效节约了成本。这款复印机迅速占领了欧美主流市场，为施乐带来了 10 亿美元的年收入。获得丰厚利润后，施乐由于商业模式的成功而故步自封。

当时，施乐的商业模式侧重于两点。

首先是建立复印技术壁垒。为避免竞争者进入市场，施乐在复印机相关领域申请了大量专利，竞争者想面向市场推出同类产品，就要高价购买专利使用权，而这会导致新产品的价格超过施乐的产品。

其次是重新定位价值链。在建立复印技术壁垒后，施乐对原有的复印机销售模式加以创新。由于其复印机价格高，但复印质量好、速度快，所以施乐开始向政府机构和大企业提供高速复印机的出租业务，并通过收取纸张、墨盒、复印和维修费用实现盈利。这一商业模式迅速为施乐带来了巨大的现金流。

然而，施乐的商业模式推动了竞争对手发展。当施乐不断为产品申请技术专利时，其产品价格也伴随复印机功能的增加而不断提高。大客户由于复印需求很多，所以愿意支付费用。中小客户却只希望购买一款有简单复印功能且定价适当的产品，施乐没有满足其需求。

施乐为什么不愿满足中小客户的需求？原因不在于经营策略，而是商业模式本身。“专利 + 租赁”的商业模式决定了其只能看重大企业、政府机构，对那些关注价格的普通消费者，施乐自始至终未曾考虑。施乐认为自己拥有强大的技术能力，能提供功能完善、可靠的设备，而生产简易的复印机满足低端需求，不符合现有商业模式，因此不愿革新。

到20世纪60年代末，施乐的专利有效期到期，随之而来的是佳能的崛起。佳能仔细学习施乐的所有专利资源，并对复印市场进行全面调研，了解施乐的客户对产品的不满之处，同时对那些始终不购买施乐产品的客户进行调研。很快，佳能发现了巨大的市场，着力研发低价、小型、慢速的复印机产品，并以直接销售的形式取代租赁形式，占领市场。

市场上的潜在个人客户发现，佳能的产品价格低、体积小、使用方便，购买佳能的产品后，自己不需要租用机器，也不需要担心后期的高额费用。佳能的新商业模式改变了成本、产品、服务的结构，因此广受欢迎，而施乐则黯然退场。

从施乐的发展中可以看出，“成也商业模式，败也商业模式”。施乐成功的原因在于，其专注复印机价值链上的某些活动（例如申请技术专利），以此实现商业模式创新。即便在今天，很多企业的商业模式创新，还是将非核心环节的业务或职位外包给其他企业，甚至直接交给客户处理，从而降低本企业经营过程中的成本与风险，提高产品和服务的质量，实现上下游协同。

施乐失败的原因在于，其商业模式的价值链定位并不能覆盖更多客户。因此，其商业模式的经营管理做得越好，“篱笆”扎得越稳，外部留出的“空地”就越大。即便没有佳能，也会有其他竞争者发现机会。

【模式关键】

为什么商业模式如此重要，甚至在特定阶段，它比企业的运营和盈利模式更重要？要理解这一点，先得从商业模式、盈利模式和运营模式的差别开始思考。

1. 商业模式与盈利模式的比较

商业模式，可以看成企业对“做什么”与“如何做”的回答。而盈利模式，可以看作企业对“如何赚钱”的回答。

例如，互联网经济商业模式，是指如何整合互联网产业链，在具体产业生态环境中如何确立网络运营商、设备制造商、终端提供商、服务提供商的位置关系，并采取何种经营手段，向互联网市场提供何种产品和服务。

相比之下，互联网经济盈利模式，就是指互联网企业怎样在自己的位置上，利用产业链上下游关系来获取利润。

商业模式和盈利模式，既有区别，又有联系。商业模式能解决产品和服务的问题，而产品和服务是获取利润的关键。仅有优质的产品和服务，企业不能保证持续实现盈利，反而可能像施乐那样陷入败局。因此，商业模式是盈利模式的支撑架构，可以看成鸡蛋的蛋壳，而盈利模式则是鸡蛋的蛋黄。在正确的商业模式的支撑下，盈利模式才能正常发挥作用。

商业模式对企业的重要性远高于盈利模式。企业保持商业模式的先进性，才能拥有领先的盈利模式。商业模式能构筑防止竞争对手进入市场的门槛。

2. 商业模式和运营模式的比较

商业模式是完整的系统，能高效、独立、持续地运行，充分整合企业内外各要素，助力企业满足客户需求、实现客户价值，使企业持续实现盈利。

运营模式则是企业内部经营过程中与财务、技术、生产、市场营销、人力资源有关的管理活动，包括计划、组织、实施和控制等各项联系紧密的管理工作。

以孵化鸡蛋为例，商业模式不是母鸡孵化鸡蛋的过程，而是综合调控整个养鸡场的温度、湿度等因素的过程。相比之下，运营模式则更像母鸡自身的进食、休息、活动、生蛋和孵蛋等行为。

运营模式偏向企业对各种内部因素的应用，商业模式则不仅包括企业如何应用内部因素，也包括企业如何看待、利用和整合外部资源。

1.1.3 商业模式需要创新与变革

2020 年开始，全球经济形势越发复杂。企业需要思考眼下利润从何而来，更要思考下一步该如何走，要制定经济转型过程中的具体战略规划。尤其是那些已经预见到自身困境的企业，更应积极寻找创新之路，重塑核心竞争力。

过去，企业通过单一地对产品、技术或服务内容进行创新，就可以取得成功。如今，在互联网经济崛起、消费需求细化、经济转型深化、人口结构变化的大环境下，仅靠单一因素的创新，已无法为企业带来持续的辉煌。即便是少数拥有领先技术的企业，也必须思考如何进行商业模式创新，以建立竞争壁垒。一旦商业模式设计失误，无论企业掌握多么丰富的技术资源，最后都可能会走入死胡同。

企业运营成败的关键在于，商业模式的确立和创新是否及时。通往革新之路，是任何一家企业都无法回避的。创新的关键不在于某个具体的事物或环节，而在于商业模式整体。商业模式的创新，覆盖从产品研发到运营管理，从获取资源到资本运作，从单一企业到供应链联盟，从局部营销到全局战略的全过程、全阶段。全面的创新有助于企业确立正确的战略目标，形成强大的执行能力。

新的竞争形态，必然是企业整体层面之间的竞争，企业需要拥有难以被模仿的综合系统，以赢得竞争的胜利。为此，企业必须利用现有资源，对商业模式进行创新与变革，力求在市场竞争中形成新的竞争优势。

【案例拆解】

数十年来，云南白药凭借一系列的变革创新续写着企业辉煌，持续获取利润。面对环境变化，云南白药有着强烈的危机感。尤其在互联网经济兴起后，云南白药发现自身只是传统的制造企业，无论是投融资能力、收购兼并能力，还是在产业布局、个性化生产和销售等方面，都有创新的必要性。

为此，云南白药从客户价值、盈利模式、关键流程等方面入手，进行了高效的商业模式变革。

客户价值上，云南白药摒弃了墨守成规的观念，将保密的白药配方渗透进已被消费者认可价值的垂直产品市场，将白药变成其他产品的成分，形成云南白药膏、云南白药创可贴、云南白药药妆产品等一系列新产品。通过开发新产品，形成新的竞争优势，云南白药重新展现了自身独特的产品价值，有效丰富了赋予客户的价值。

盈利模式上，云南白药做出了同样充分的努力。早在2009年，该企业就开始涉足电商，在天猫、京东等第三方电商平台开设旗舰店，每天的销售额达上百万元。2015年，云南白药开始涉足微商行业，将一款热敷蒸汽眼罩在微商渠道销售并大获成功。通过微商模式，云南白药优化了产品流通结构，节省了交易成本。原有盈利模式下，这家企业在每个省只有一个代理商，实行现款现货的交易制度，这对代理商的实力提出了很高的要求。但在微商模式下，加入微商代理团队的门槛并不高，让更多希望自主创业的人获得了机会。同时，微商模式契合年轻群体的消费习惯，是更符合现实情况的盈利模式。

除了在线上进行直接销售外，云南白药还不断思考依托互联网经济平台能构建怎样的新盈利模式。通过公众号，其免费向线上的上百万名会员发布由专家讲授的健康养生课程，真正从潜在客户的需求出发，同他们建立深度联系，而并非简单地推销产品。在云南白药看来，由于移动互联网技术的广泛应用，与客户间的沟通、互动成本已大幅降低，这有助于其建立新的交流渠道，形成新的盈利模式。企业专注于为客户提供更好的服务体验，提升客户对品牌的关注度、美誉度和忠诚度，才能不断增强自身的竞争力。

关键流程上，云南白药始终坚持“以强制强”策略，将自身产品的疗效优势和其他企业产品的领先技术相结合。云南白药专注于核心技术研发，将生产流程交给各生产商。这一创新方式，甚至改变了细分行业的既有规则。例如，创可贴产品原本只有止血、防护功能，后来增加了消炎、治疗的功能，对传统竞争模式形成了颠覆。

新时代，企业能否根据现有核心竞争资源制定正确的战略，能否在不断运营中重塑核心竞争力，又能否不断运用创新能力来解决新问题，这些都受企业是否真正拥有经过变革后的新商业模式影响。企业必须努力创造出新的资源组合，并将之应用到有助于自身形成竞争优势的新盈利模式和关键流程中，赋予客户新价值，进而找到新机会。

【模式关键】

商业模式不仅涉及企业的产品、服务或相关流程、信息体系，而且涉及企业内外每个参与者，关系到每个参与者的利益。商业模式的创新和变革，绝非企业仅对某一项事务程序加以改动，而是围绕价值创造逻辑开展的创新变化。其既包括多种构成要素的变化，也包括要素之间关系和互动机制的变化。

商业模式创新的特点如下。

1. 从客户角度出发

商业模式创新的出发点，应该是从根源上帮助客户获得新价值，而不是着眼于企业短期的利润增加。设计商业模式的起点是客户对价值的需求，企业家应设计出能有效满足客户需求的商业模式。

企业传统的变革，往往着眼于内部变化，例如技术创新、产品要素创新，开发用途更多的技术，寻找产品潜在的市场。相比之下，商业模式的创新和变革，侧重于由内而外的变化，即寻找能联系企业内外参与者的因素并加以改善，满足客户的需求。

2. 系统性和根本性

商业模式的创新和变革，不再是某方面因素的变化，而是组织整体的多要素变化，需要战略级别的调整。如果仅仅是开发新产品、应用新工艺，就不是商业模式创新，即便对传统制造企业而言，商业模式创新离不开服务流程的创新。

3. 难以模仿性

传统的、局部的创新形式，能带来企业内部效率的提高、成本的降低，但相应地，这一手段也很容易被竞争者迅速模仿。商业模式创新则与此不同，具备难以模仿的特点。

对外，商业模式创新能帮助企业向市场提供全新的服务、产品，甚至开创全新的产业生态，为企业带来与众不同的盈利模式，提高企业的辨识度，提高消费者对企业的关注度和忠诚度。

对内，商业模式创新不仅能带来效率提高和成本降低，而且其涉及的层面更为广泛，涉及不同领域、多个要素的同时变化。因此，竞争者即便能模仿，也难以获取真正的战略性竞争优势。

1.1.4 商业模式就是系统吗

今天，商业模式这个词语越发频繁地出现在各种场合。

无疑，商业模式包括企业的整体系统和各类子系统，例如生产、服务、盈利系统等。但如果仅仅将之看成系统，就失之偏颇了。

从本质上看，商业模式是不同因素组合而成的价值关系动态链条，其核心是企业通过对资源有组织地设计和安排，形成能高效运行的制度结构。这种结构并非静态的，而是动态、连续、变化的，其本质属性在于创新和变革，而不是在搭建后即可坐享其成。

图 1.1-4 所示为商业模式的三大价值关系层面。

图 1.1–4 商业模式的三大价值关系层面

在静态视角下分析商业模式，其有三大价值关系层面。

从组织价值链角度看，商业模式决定着企业业务流程，引导企业资源和能力的合理配置，企业业务流程又离不开盈利模式和客户资源。三者是否匹配，决定企业能否满足客户预期。同时，商业模式还能在盈利模式和客户资源之间提供良好的转换机制，并让这套机制为客户创造价值。

理解商业模式三大价值关系层面的定义并不困难，但这并不是商业模式的真实内涵，而是商业模式的静态描述。事实上，商业模式也好，企业也罢，从不是静态的。为让企业保持竞争优势，其商业模式还需要在三大价值关系层面的基础上，拥有充分的独特适应性和动态灵活性。

【案例拆解】

2016年，共享单车兴起，掀起共享经济商业模式的热潮。从表面上看，不同共享单车企业的运营系统是相似的，即将用户群定位为城市内的通勤人群，再通过移动互联网平台、手机App和共享单车的有效连接，实现即时提供共享单车，满足用户出行需求。

不同共享单车企业的产品和服务设计是非常相似的。其中，平台是整个产品系统的数据获取和处理中心。通过收集共享单车位置和开关状态信息，平台能即时了解用户手机App的开锁、关锁信息，以管理用户。共享单车是受平台管理的出行工具，其关键组成部分包括单车和智能锁。单车车体结实坚固，轮胎无须定期充气，能尽量避免维修。智能锁不仅有安全开关锁的功能，还有单车定位功能。手机App是用户获取服务的工具，支持用户查询附近单车的数量、位置等信息，并支持扫码开锁、查询交易、支付或退还押金等操作。

共享单车企业均使用全球定位系统（GPS）或北斗卫星导航系统，对共享单车进行定位，使用物联网技术实现运营管理平台和共享单车之间的通信，运用移动通信技术实现运营管理平台和用户之间的通信，用户缴费则通过移动支付平台完成。

尽管绝大多数共享单车企业都采用了上述运营系统，但由于存在较多问题，在短暂爆发期后，多家共享单车企业倒闭，例如ofo小黄车、小鸣单车等。但也有一些企业在经历了残酷的竞争后生存下来，例如选择了被美团收购的摩拜单车，选择了和支付宝合作的哈啰单车等。

为什么采用同样运营系统的同行企业，却有着截然不同的命运？关键在于企业不能只搭建系统，而需要利用多重系统的建设，使三大层面的价值关系相互匹配。

共享单车的运营系统具有创新性，也曾一度成为市场上的竞争热点。

然而，只搭建出运营系统的共享单车企业，无法充分发挥竞争优势，甚至无法生存。这是因为其商业模式并不完整，存在很大问题。

例如，共享单车商业模式的组织价值链存在先天不足的问题。在这种商业模式下运营的产品，具有典型的资本密集特点，每辆共享单车的成本不会低于普通单车，甚至由于智能锁的存在而变得更高。同时，共享单车企业必须要在其选定的每个城市投入大量的单车，才具备开展业务的可能性。

更深层次的问题是，在共享单车刚开始运营时，几乎每个城市都没有做好准备。共享单车对城市市容的管理造成很大影响，引发各方的反感，而共享单车企业又没有准备对应的资源以解决问题。

此外，共享单车被大量使用之后，才有可能在城市内平衡分布，但这种平衡是整体而非局部的，企业不可能确保任何时间、任何地点的车辆分布都能达到平衡。为此，企业必须组织力量，如雇佣工作人员开着小货车搬运单车。有时候，工作人员还要在偏僻的地方寻找损坏的单车进行维修，而这同样会产生大量成本。

在流程价值链上，最早的共享单车企业主要将用户的骑行费用作为收入。其只有在单车的丢失率和损坏率较低的状态下，使用人数达到计划目标后，方可确保收入足以覆盖成本。事实上，很多共享单车企业的流程价值链无法做到这一点，因此其盈利模式存在重大漏洞。这就进一步导致很多共享单车企业将用户的押金作为取得收入的基础。用户的押金虽然交给了企业，但所有权和使用权并不在企业手上，只要用户没有损坏单车，企业就应当随时能退回押金。一旦企业将押金放入了流程价值链，无形中就形成了对用户资金的侵占，问题必然接踵而至。

总之，共享单车产品的资产损耗率较高，而解决衍生问题又需要较多的资金。这对商业模式提出了严峻的挑战，远非企业通过搭建运营系统框架就能解决的。

【模式关键】

商业模式不是边界清晰可见的建筑蓝图，而是关于企业如何提供价值的故事。故事里必须有主角、配角、场景、动机，还要有时间、地点和情节。企业家的责任在于准确安排一条故事线，以串联不同的角色，使他们形成动机，以充分展示新产品或服务如何为客户创造价值，又如何为企业创造利润。这条故事线就是价值链。

在认识商业模式时，企业家需要扪心自问以下问题。

企业能否建立动态价值链，以成功利用产品满足客户需求？

在这一价值链中，企业扮演何种角色？

企业的哪些伙伴应该加入价值链？

这些伙伴各自扮演何种角色，他们将得到什么回报？

在动态价值链中，最终客户是谁？

上述问题贯穿企业经营的全部过程，仅依靠运营系统是无法解决的。企业对经营中的任何环节加以创新，都可能使原有商业模式演变升级为成功的新商业模式。

企业家应从以下五个系统入手，认识商业模式的真实内涵。

1. 定位系统

企业定位的关键是选择能长期提供利润的客户群。在传统商业模式下，很多客户的购买行为都是短期的，无论企业搭建怎样的运营系统，客户可能都不认可。而好的商业模式要将短期客户变成长期客户，为企业带来长期利润增长。

当然，定位是双向的。企业希望客户能长期提供利润，而客户则希望长期从企业这里得到独特价值。因此，定位不仅要求企业搭建对外的识别系统，还要搭建对内的价值导向系统。

2. 盈利系统

企业需要为客户提供价值，并通过这一过程实现盈利。在向客户提供各种价值的过程中，企业应找准获取回报的途径，即盈利系统。

3. 关键资源和能力系统

无论盈利系统多强大，如果企业不能为客户持续提供独特价值，客户就很可能选择离开而购买竞争者的产品。因此，企业应围绕关键资源和能力打造系统，并确保该系统始终符合定位系统的要求，为盈利系统提供精准服务。当企业找准关键资源和能力的运用途径后，就能形成强大的控制力，确保盈利系统正常运转。

4. 业务系统

在拥有定位、盈利、关键资源和能力三大系统之后，企业要界定自己真正在卖的是哪些产品和服务。这是因为客户的价值和需求都在不断变化。客户是否需要现有的产品和服务，客户何时会需要新的产品和服务？这正是业务系统要解决的问题。

没有业务系统，前述所有系统都会失效，因为它们无法解答企业到底在销售什么，到底能依靠什么抓住客户的心等问题。

5. 自由现金流系统

通过自由现金流系统，企业能以尽量低的价格，在效果最佳的经济策略下，使企业价值最大化。如果这一系统足够强大，企业就会拥有越来越多的自由现金流，并将之投入前述所有系统的搭建。

商业模式涉及系统的搭建，但系统搭建并非其唯一要素。企业围绕三大价值关系层面，理顺五大系统之间的递进关系，才能找准商业模式发挥作用的立足点。

1.2　商业模式为什么如此重要

商业模式的内涵，早已从企业运营、系统层次向战略层次延伸。最初，商业模式从企业营利需求出发，关注产品、营销、利润、流程等；随后，商业模式又引领企业转向关注客户关系、价值创造，以及细分市场、价值主张和战略地图等。

本节将重点阐述商业模式作用巨大的原因。

1.2.1　商业模式创新是企业的高维度竞争

现代企业所面临的市场竞争异常激烈，企业的平均寿命正不断减少。即使企业今天有着良好的业绩，如果不能以变革创新的思维看待自身，就有可能止步不前、落后、倒退，最终失败。

咨询机构埃森哲公司的调查结果显示，商业模式的创新已经成为全球企业家关注的主要创新方向。有许多企业将创新的中心，从原先的成本领域，转向驱动利润增长的领域。

在利润空间日益压缩的大环境下，许多企业不得不寻找新的方向。伴随着人力成本、原材料价格等的上升，同时伴随着经济发展模式升级的必然趋势，不少企业原先所信奉的技术领先、产品特点差异化或者低成本经营的商业模式，已经难以适应目前的新商业环境。如果企业只是从某一方面，如战略、营销、产品创新、企业管理等方面进行局部改善，效果不会太显著。

同时，移动互联网、5G、大数据、人工智能等技术的深入发展，为企业带来了诸多发展机遇。构建平台、整合资源等具有互联网思维的商业模式，让一些企业以前所未有的速度发展着。

所以，对商业模式进行重构和创新，才是企业保证持续发展并保持竞争优势的首要选择。

显然，商业模式的创新更具现实意义。这样的要求是由目前的市场特征所决定的，在现有的消费能力和经济环境下，利用商业模式创新开发消费者的需求，对企业而言更为重要、更有价值。

【案例拆解】

顺丰集团于2012年推出“顺丰优选”。顺丰创始人王卫通过这样的商业模式创新，全面改变顺丰。

在短短一年时间内，该商业模式经过了七次优化，获得了良好的创新效果。

顺丰优选，是依托顺丰的快递能力，打造出的一个足够强大的电商平台。在平台产品的选择方向上，顺丰优选主要将产品品种定位在高附加值产品上。这样，较高的客单价，有效降低了产品订单中物流成本的亏损风险。同时，再配合季节性产品的提前销售，顺丰优选逐步成为一个以直供生鲜产品作为价值主张的供应链服务平台。

由于有了创新力作为基础，很快，顺丰优选成为我国优质的生鲜电商平台之一。

顺丰优选的成功，体现了及时创新商业模式的重要性。在大环境上，随着国家城镇化战略、农村土地改革等不断深化，农产品基地的直接供应模式和电商预售模式，以及快速的物流供应服务，能够满足更多主流消费者的需求。显然，顺丰正是抓住了这些重要因素，才让其商业模式创新走向成功。

观察顺丰商业模式创新的成功经验，企业家可以做出这样的推断：商业模式创新的核心在于对商业模式现有的结构进行扩展、延伸和丰富。在新的商业模式中，客户所获得的价值应该最大化，而企业所拥有和能够调配的资源也必须得到最优的配置。这样，新的商业模式才能为企业带来持续实现盈利的效果。

创新有四个重要的环节，如图 1.2-1 所示，分别是商业模式创新、产品与服务创新、流程创新、技术创新。商业模式创新往往能带动其他几个环节。

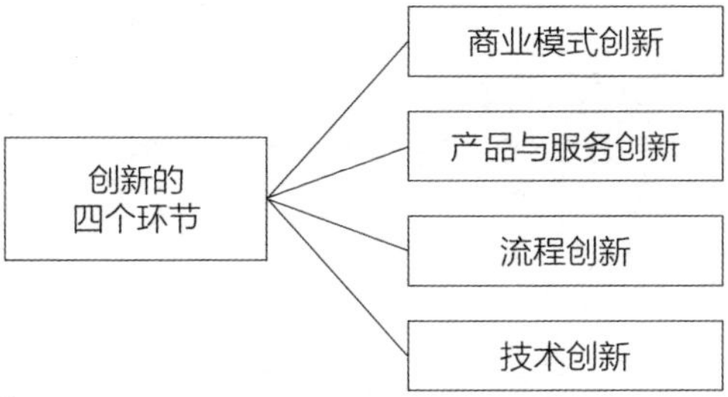

图 1.2-1　创新的四个环节

【模式关键】

市场竞争往往是商业模式创新的竞争。

为什么顺丰能够实现跨越式发展，在短短的时间里实现利润倍增？因为顺丰懂得，在这个时代里，要想在市场竞争中脱颖而出，就必须在商业模式创新上下功夫。

通过深入研究顺丰和多家企业的商业模式创新过程，可以总结出以下六种商业模式创新途径，如图 1.2-2 所示。

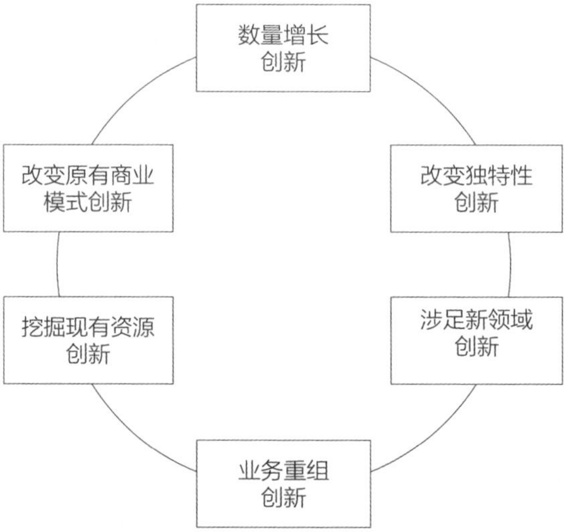

图 1.2-2　商业模式的六种创新途径

1. 数量增长创新

数量增长创新是指在现有商业模式基础上，增加客户数量、产品数量、服务类型，从而使企业获得比原有商业模式更多的利润。

2. 改变独特性创新

原有的商业模式可能具有独特性和难以替代性，但随着市场变化，很可能企业已经无法继续保持这样的特点。因此，企业家可以重新打造商业模式的特点，改变商业模式的独特性，为企业注入活力。

3. 涉足新领域创新

在许多情况下，企业可以利用现有的商业资源，结合现有的商业模式，向新的市场推出新产品和新服务。实际上，这样的做法就是在新的条件下进行商业模式的跨行业、跨领域复制，从而形成新的商业模式。

4. 业务重组创新

一些大型企业在面对压力时，会对业务进行出售或者收购其他业务，这样商业模式的创新就有了立足点。

5. 挖掘现有资源创新

上述案例中，顺丰正是通过充分整合自身所掌握的大数据技术、冷链物流等独特资源，创新商业模式。

6. 改变原有商业模式创新

在改变原有商业模式的创新思路下，应该对整个企业进行全面改造。在这种思路下，无论是企业组织结构还是文化特征，是企业的价值供应链还是价值传递能力，都需要彻底改变，最终用新的途径来为企业创造新的利润增长点。

商业模式不能一成不变，必须要及时和充分改变，才能不断引导企业向更好的方向发展。决定商业模式如何改变的，正是企业家的创新思维和创新行动。

1.2.2　商业模式关乎企业的基业长青

抓住机遇，企业能获得一时的成功。那么企业应怎样保持基业长青呢？有人曾给出精辟回答：经商最重要的不是资源，而是商业模式。

市场竞争中，许多企业并未意识到商业模式的重要性，相反，其一味争夺已有的存量资源。殊不知，在缺乏正确、先进的商业模式时，企业拥有的资源越多，引发的内外矛盾就越多，就越会加速走向衰败。在以客户价值为本的市场中，企业必须重新观察与分析自身的经营战略，判断其是否基于以价值创造为核心的商业模式。

在传统商业模式中，企业往往将销售量、市场占有率、利润率作为竞争的着眼点，过于追求高速度、高增长，将报表上的数字看成商业竞争的核心。然而，这些并不一定能为企业带来长远的利益。

商业模式能否真正持续发力，在于其能否为包括客户、供应商在内的所有相关角色服务，能否向所有相关角色不断提供价值，以及企业能否在这一过程中获取利益。

【案例拆解】

商业离不开竞争，竞争为企业带来了发展机遇，也为企业带来了风险。在激烈的竞争中，很多企业由于商业模式的价值创造能力不足，后续发展乏力。但也有很多企业，由于选择了正确的商业模式，实现了基业长青，例如以珠宝首饰闻名的老凤祥。

老凤祥创始于 1848 年，已持续经营了百余年。老凤祥能持续经营的主要原因在于其能将企业的核心资源用于打造关键的客户价值，并在这一过程中实现盈利。

老凤祥始终注重避免产品同质化，强调提高品牌价值和附加值。从 21 世纪初开始，该企业就对产品结构大刀阔斧地进行调整。不同于同类型企业古板、单调的形象，老凤祥将产品品类从千篇一律的黄金，发展为金、银、铂、钻、翠、竹、玉等不同类型。为让产品外形满足客户审美需求，老凤祥组建了一支创意设计团队，其打造的个性化产品体现出较高工艺价值，受到客户的喜爱。正因如此，即便在产业低迷期，老凤祥也凭借其产品价值带来的口碑，实现了利润的增长。

老凤祥商业模式的价值，既包括产品价值，也包括人才价值、文化价值。老凤祥率先在企业内部建立了教育培训基地，培养专业设计人才，夯实团队基础，创造出众多技术成果。老凤祥在不断积淀企业文化后，形成了富有特色而务实的企业使命、愿景、价值观。

老凤祥的成功说明商业模式不只代表着企业获取利润的方式，还代表着企业生存、发展、竞争的逻辑。商业模式从来不是孤立的，而是与企业所在社会生态系统息息相关的。商业模式受到社会主流价值观怎样的影响，就会对企业产生怎样的影响。

企业想基业长青，就要拥有符合社会主流价值标准和客户现实需求的商业模式，将内部资源、外部生态、价值创造、利润获取等要素加以联动和整合。这样，企业才能拥有更先进的商业理念，获得公众和社会的充分认可，并以此打造良好口碑。

商业模式的竞争，实际上也是围绕特定社会和市场生态的商业价值标准的竞争。当商业模式催生出良好的价值标准后，就能推动企业和其合作伙伴、客户乃至整个社会的共赢，使企业获得永续的活力。

【模式关键】

商业模式发挥价值的关键有两点。首先，商业模式能为企业带来经济效益；其次企业家能构建具备长远竞争优势的价值标准，并将这种标准和企业口碑相结合。具体而言，企业可以通过以下运作机制，让商业模式催生价值标准，为企业带来源源不断的利润。

图 1.2-3 所示为商业模式延续的关键。

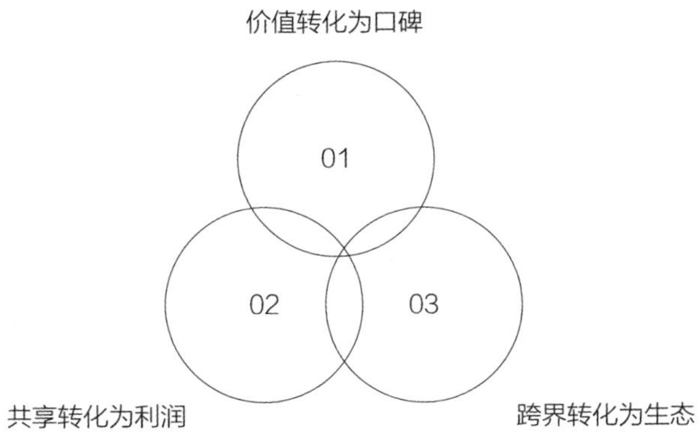

图 1.2-3　商业模式延续的关键

1. 价值转化为口碑

口碑会影响企业寿命。当拥有良好口碑时，企业就能不断吸引客户，也能获得新老合作伙伴的信任，让他们愿意投入资源并获得合理回报。

由长期良好口碑带来的信任力量，可以成为企业经营中的推动力和润滑剂，降低价值链的合作运营成本，形成良性循环的生态系统，使相关各方实现长期共赢。

成功的商业模式能体现出非同寻常的高标准价值。这种高标准价值会转化为企业口碑的证明，推动不同利益合作方围绕企业组织价值链展开有效合作。

2. 共享转化为利润

老凤祥在将自身价值标准转化为品牌口碑时，获益者并不只是其本身，也包括供应商、渠道商、广告商等商业伙伴。正是对企业价值的共享，形成了各个企业的利润来源，增加了各自的收益。

与此相比，在传统商业模式中，商业伙伴无法有效共享口碑。由于核心企业并未建立新商业模式，其管理口碑的方式，也同样不能有效支持各企业共享口碑，进而导致口碑的价值在业务流程、组织流程中迅速消耗殆尽。

企业想要基业长青，就要在稳定的合作生态系统中，让更多商业伙伴获取更大的盈利空间。企业要注重共享，而非只注重短期利益。企业应以平等态度对待商业伙伴，将其当作商业模式建构和运营中能充分信任的合作伙伴。

3. 跨界转化为生态

无论是塑造口碑，还是实现口碑共享，企业都需要将自身商业模式与所在行业、市场充分结合，形成精准定位。如果企业希望基业长青，就不能满足于原有定位。

例如，黄金制品多被定位为家传珍藏品、婚嫁信物等，如果不丰富定位的内容，老凤祥就不可能围绕自身的培训、设计、产品、营销、服务等打造新价值链。这种主动的改变，并不意味着完全摒弃产品原来的定位，而是为其找到新的定位结合点，丰富定位的内涵，这就是所谓的跨界。

所谓跨界，“跨”是指跨越，“界”是指分界。“跨”意味着企业在商业模式设计过程中，主动选择解构和重组等动作。“界”则是传统价值链和新价值链各自的定位界限。当企业建立新商业模式，跨界也随之开始。通过跨界，企业对传统商业模式进行重构，找到通向新生态的入口，这个入口一旦建立，企业将获得新的发展机会。

1.3　商业模式的变革与创新

商业模式的内容包括客户价值主张、企业创造和传递价值的流程，以及成本结构和盈利模式等。无论商业模式有多成功，企业想避免被模仿，想维持自身优势，都需进行变革与创新。

1.3.1　商业模式的新形态与新趋势

认识商业模式的新形态与新趋势时，企业必须将其与新型经营策略的确立充分结合。市场竞争激烈时，企业应及时明确商业模式的新形态；市场竞争暂时稳定时，企业则应提前判断商业模式的新趋势。通过分析商业模式的形态和趋势，企业才能及时创新商业模式，规避竞争，找到独特的利润增长点，创造良好业绩。

企业离不开创新，商业模式创新是企业各方面价值整合的主要途径。

企业只有对商业模式进行彻底创新，才能有长足的进步，仅对表面层次进行创新则无济于事。企业家应注重商业模式的战略层次，遵循现实规律，及时确定新的发展主题和方向，这样才能在竞争中确立新的商业模式。

在判断商业模式的新形态和新趋势时，管理学家提出了不同的看法，归纳为以下两大方面。

其一，企业经营者应从经营角度，观察商业模式的新形态和新趋势。商业模式是企业应对外界环境变化、合理配置资源的方式，侧重于主动利用资源和创造价值，并侧重于对企业经营活动过程赋能增值，从而帮助企业创造最大收益。

其二，从战略管理角度分析，企业经营者为商业模式选择新形态、适应新趋势，是企业战略变革的重要内容。企业通过技术变革，发挥商业模式的创新价值，凸显商业模式的综合性，能从不同角度诠释企业战略的真正内涵。

很多企业之所以成功，是因为其商业模式适应了新的竞争，形成了新形态。例如，沃尔玛从进货渠道、营销渠道和管理行政、仓储建设等方面节省成本；戴尔采用了直销方式，摈弃了行业中的库存传统；丰田利用即时生产方式，消灭故障，消除浪费，将流程价值设定为零缺陷、零库存。这些企业的成功经验说明，所有企业都需要思考如何运用现有资源完成商业模式的创新，以此改变行业内原有的格局。

【案例拆解】

曾几何时，美国主要的航空公司的商业模式千篇一律：几乎每家公司都着眼于构建枢纽化、干线化的中心辐射运输体系，并不惜为此付出高昂成本，而短途运输则被弃之不顾，成为公路运输覆盖对象。在这种传统商业模式下，飞行里程长，能有效分摊固定成本，但更长的里程又无形中提升了航班票价，为乘客所诟病。

通过创新，美国西南航空公司（以下简称“西南航空公司”）有效颠覆了传统商业模式，成为世界上首家短里程、低成本、高频率的航空公司，并因此大获成功。其对商业模式的革新，主要体现在以下方面。

首先是采用低价来吸引乘客，以分摊固定成本。同样是从洛杉矶到旧金山的航班，西南航空公司的票价只有其他航空公司的三分之一，而更多航班的票价甚至是市场价的六分之一，接近于长途汽车票价。

其次是成本节约意识。西南航空公司用长途公共汽车的经营意识来看待航班，其飞机不设头等舱、不打印机票、不对号入座，也不提供餐食、行李托运服务。通过这种方法，西南航空公司减少了人力成本，节约了飞机的周转时间，提升了成本效率。

在选择合作伙伴方面，西南航空公司也专注于成本的降低。西南航空公司不使用市场通用的机票预订系统，而是采用电话和互联网订票系统，以此节约成本。其并不倾向于选择大型机场，而是选择价格更为低廉的二级区域机场，这样既能降低成本费用，还能避免大型机场的“拥堵”，确保航班准点率。

飞机和航油，是对航空成本影响最大的因素。为此，西南航空公司统一采购波音737，原因是这种机型的省油性能好。同时，采用单一机型，西南航空公司在培训、维修、保养、转换等方面成本都大大降低。

价值是无形的，并没有任何实体特征。商业模式的意义就是，让业务和流程成为企业价值的载体。因此，商业模式被用来实现价值，而企业必须找到合适的商业模式来实现价值。

任何被市场发现和承认的业务价值，都有具体的商业模式与之对应。例如，有些业务价值主要追求扩大市场规模和提高占有率，有些业务价值侧重于满足客户长期的需求。业务价值通过商业模式形成资产价值、价格，最终形成具体的利润。

【模式关键】

开创企业前，选择行业的方向比选择具体商业模式重要；一旦企业开始运转，对商业模式的打造就比埋头经营更重要。很多企业经营者不清楚自己应该做业务、做管理，还是打造新商业模式。这三者实际上是对应并有关联的。所有符合新趋势的新商业模式，其形态都能充分满足业务和管理的需求，并为企业带来充足利润。

新商业模式主要具备以下四大新形态。

1. 新市场定位

企业的产品能否解决新发现的社会矛盾、个体痛点，是判断商业模式是否符合新趋势的关键。

现实中，很多企业之所以走向倒闭，是因为其从始至终都没有解决这个问题。企业想要革新商业模式，就必须用其发现和解决个人和社会的痛点。企业的商业模式是否有价值，直接的判断依据就是其能否解决社会共性问题。社会共性问题涉及的人群越多，商业模式被认可的可能性就越大。西南航空公司的商业模式之所以会成功，并非因为其航班比其他航空公司更舒服、更奢华，而是因为其商业模式能满足美国大量出行用户希望坐到价廉物美的航班的需求。

2. 新技术

技术创新是新商业模式的重要特征。新技术的应用、新产品的诞生，会带来较高的成本，为平衡成本，新商业模式应运而生。从广义上看，技术创新是商业模式创新的必备内容，为商业模式创新提供了有力保障。

虽然技术对商业模式十分重要，但企业不能盲目地进行技术创新。真正能推动商业模式符合新趋势的技术，必然具备主流性、适用性、高效性的特点。

图 1.3-1 所示为推动商业模式符合新趋势的技术的特点。

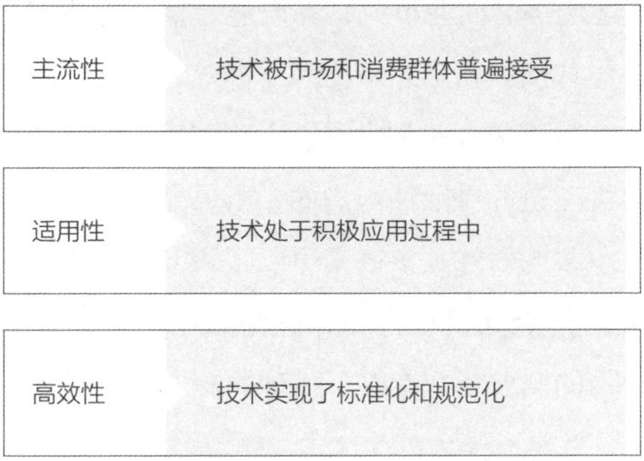

图 1.3-1　推动商业模式符合新趋势的技术的特点

主流性，是指技术被市场和消费群体普遍接受，同时具备足够的人才基础。适用性，是指技术处于积极应用过程中。任何一项技术的创新，几乎不可能由某一家企业完成，而是由整个行业、市场乃至全社会共同完成的。高效性，即技术实现了标准化和规范化，能够被大规模应用。

3. 新支撑平台

移动互联网平台凭借开放性、灵活性，成为新商业模式的重要支撑平台。由于生产制造技术的易模仿性、硬件技术的易复制性，单纯基于硬件的商业模式很难构成新趋势。基于移动互联网等信息平台，新商业模式能够落地。

通过先进的信息网络平台，企业将不同的产品、服务、供应者、用户加以连接，通过资源整合，确保价值实现。

4. 新的共赢追求

商业模式的新形态和新趋势的意义集中体现在新追求上。商业模式创新的核心追求，在于更好地创造价值，其不只包括为企业本身和目标客户创造价值，也包括为业务链上各环节的参与者创造价值。

任何符合长远趋势的商业模式，都应能为整个产业链构建一套价值体系，实现相关主体共赢。新形态下的商业模式，需要围绕客户需求对供应链环节进行优化，并改善企业和供应链上不同成员的合作关系，提高合作效率，提升整个供应链的灵活性。例如，苹果公司的商业模式中，通过智能手机硬件和其承载的软件，该公司可以了解客户需求，与第三方和个人开发者沟通，同时与金融机构合作，确保商业模式中每个参与者都能获益。由于苹果公司的商业模式有助于实现共赢，因此其推出至今依然属于创新的商业形态，并具有强大的生命力。

1.3.2 商业模式的演进与淘汰

当乔布斯面对“我如何能像你这样”的问题时，他的回答是：“Think Different”（非同凡想）。这也是苹果公司的广告宣传语。按标准英语语法，修饰 Think 的应该是 Differently，但乔布斯对此的解释是：不要试图让自己的想法不同，而要让自己想不同的事。

在商业模式领域，情况同样如此。企业只有多想不一样的事，才可能推动商业模式演进。企业家只有多做不一样的事，才能获取成功。相反，如果一家企业想到、做到的始终和竞争者相似，其最终形成的商业模式和别人相同，就会面临被淘汰的危险。

从历史上看，商业模式的更迭逻辑体现为企业自我优化内外流程，对已有价值链进行解构和重构。企业之所以需要重新定义已有业务流程、盈利模式，是因为老化的价值链无法提高企业创造价值的效率。一旦价值链从封闭转向开放，商业模式也就从单一线性思维的价值链，转变为复杂而开放的价值网络。当企业不断优化流程，旧的商业模式会逐步退场，形成新的商业模式。

商业模式是动态的系统，其所包含的各类价值要素及其连接方式，会根据行业特征变化、企业资源能力改变展现出不同状态，同时也会由于经济、社会环境变化而不断演进。

【案例拆解】

根据要素配置比重的变化，制造业商业模式的演进过程可具体划分为三个阶段。图 1.3-2 所示为制造业商业模式演进过程。

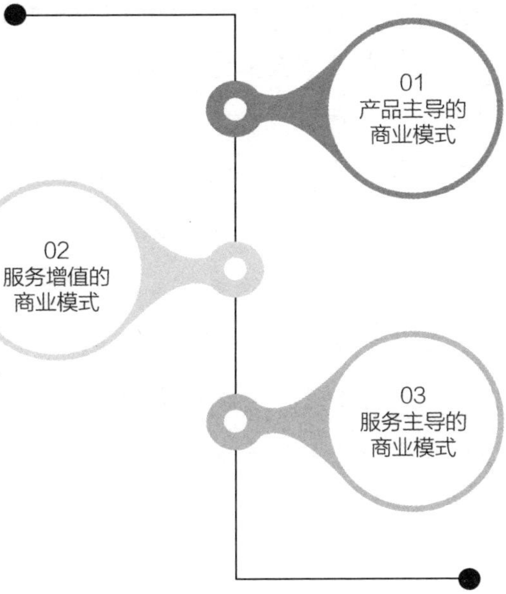

图 1.3-2　制造业商业模式演进过程

其中，服务要素在制造业商业模式演进过程各阶段的变化尤为明显，从最初单纯的成本要素逐步转化为附加价值要素，又逐渐转化为主要价值要素。这一变化逻辑反映了制造业不断淘汰落后商业模式，向新商业模式演进的过程。

第一阶段的特点是产品主导。工业经济时代，由于社会生产力水平低，消费水平整体不高，产品比较稀缺，制造业企业的内外运营均以标准化产品为主。因此，客户价值主张集中在功能价值上，大多数客户希望以最低价格获取产品的直接功能价值。

该阶段，制造业企业的主要业务价值活动包括技术研发、产品设计、生产制造、市场销售等。其中，生产制造是满足客户需求的主要环节，而技术研发、产品设计则是企业创新资源集中发挥作用的环节。

第二阶段的特点是服务增值。由于社会生产力水平提高，消费水平随之提高，产品不再稀缺，客户价值主张也从单纯的功能价值向情感价值延伸。即便是普通日用品，客户也开始关注其功能外的个性特征和使用体验。由于信息高速传播，制造业企业的技术、工艺越来越同质化，通过技术研发、产品设计和生产制造来提升产品直接功能价值的空间越来越小。因此，制造业企业除提供产品外，开始增加相关服务，包括提供个性化服务、送货服务、产品安装服务、维修保养服务、二手产品回收服务等。在服务增值阶段，制造业价值链的内涵被丰富，这不仅增加了产品的售后价值，也为原有流程中各环节参与者带来了价值增值。

第三阶段的特点是服务主导。随着社会经济进一步发展，制造业和服务业逐渐融合。在这一阶段中，客户价值主张集中在情感价值上，而情感价值来源于客户的直接体验。客户不只看重产品本身和相关服务，更看重企业能否为自己提供解决问题的整体方案。

在服务主导的商业模式中，售后环节的价值有了大幅度提升。企业价值不仅来源于产品实体及其相关服务，还来源于与之联系的虚拟产品。

随着移动互联网迅速发展，传统商业模式发生了重要改变。在传统商业模式中，客户为获取价值，需要向企业支付足够的费用，这意味着双方在理论上是对等的。当传统商业模式被淘汰，新的商业模式不断出现后，客户有可能以极低的价格甚至免费获取产品体验（例如移动互联网上的内容分享体验等），致使企业运用传统商业模式无法直接获得对等的价值。因此，企业必须积极接受商业模式演进的结果。

【模式关键】

如果企业不想陷入同质化竞争，就必须看清商业模式演进的规律，以保证自身能在行业和市场中获取独特地位。事实上，在多数行业中都能看到不同企业相互跟风，采用大同小异甚至完全相同的商业模式，根本不顾客户价值主张的变化。这导致客户认为大部分企业所提供的都是同质产品或服务，所以将价格作为区分手段，让行业陷入价格战。

为避免被淘汰，企业必须创新商业模式。

1. 超越产业现状

企业需适当拓展思维，思考商业模式的出发点，即超越产业现状。唯有如此，企业才能追赶新商业模式的演进脚步。

具体而言，企业设计商业模式的思路可以来自与自己完全无关的产业。因为那些在其他产业取得了成功的商业模式，也同样具备被运用到企业所在产业的可能性。例如，标准化生产来自制造业，但也能在改进后，被运用到餐饮业的商业模式中；社群营销来自电商零售行业，但也能被运用到文化传媒业的商业模式中。

商业模式的新老交替，并非在各行业中同步发生。为了积极创新商业模式，企业应将观察视角投向外界，深入观察并了解其他产业，引进先进的商业模式。

2. 积极尝试调整

为创新商业模式，企业可从现有模式的基础上着手调整，而不一定是完全推翻重建。当企业希望对商业模式做出改变时，需要从客户价值、关键资源、关键流程、盈利模式等要素中加以挑选，积极进行调整，避免始终沿用相同的商业模式。

第 2 章
商业模式与商业战略

商业模式包含客户价值、关键资源、关键流程、盈利模式四个要素。商业战略是企业所有竞争战略的总和。通过研究商业战略，企业才能详细了解如何应用商业模式实现目标，让自身区别于竞争对手。

2.1 什么是商业战略

良好的商业战略发轫于良好的商业模式。要理解商业战略，就要先把握其定义，再进一步明确它与商业模式的区别。

2.1.1 商业战略是企业竞争战略的总和

随着社会经济发展水平的提高，供大于求的市场竞争格局日渐形成，促使越来越多的企业选择多元化的经营方式。如何在有限的商业空间中精准地定位市场，在短时间内迅速形成业务流程的价值通路，获取更多的市场份额，是许多企业都在思考的重要问题。在这一背景下，商业战略应运而生。

商业战略可简单定义为企业所有竞争战略的总和。商业战略是企业通过对市场局势的分析，结合对现有资源的有效整合与充分利用，形成的独有且促进自身不断发展的战略。

商业战略对企业有着重要意义。在长期生产经营中，企业管理队伍累积了大量的专业技能和行业经验，也形成了支撑企业长远发展的基本组织框架。商业战略让企业能充分发挥这些优势，保持商业模式的稳定性，让企业与复杂多变的外部环境积极交互，并相比竞争者具有更强的适应力。因此，企业制定并执行了强大的商业战略后，不会因外部环境的细微变化而停止前进的步伐，也不容易被竞争对手超越。

【案例拆解】

成功的商业战略可以让企业在竞争中脱颖而出。在短时间获取更多目标客户，实现快速变现，这是商业战略的价值所在。

樊登读书（原樊登读书会）的成功，很大部分得益于其卓越的商业战略设计和执行。

樊登读书早在成立之初，就确定了经营模式，即以收费为目的，通过注册会员和发展线下代理商进行推广。创始人樊登认为，免费的东西往往不会被人珍惜，而收费的经营模式可以将真正愿意读书的人筛选出来。樊登读书的目标是让我国三亿人养成阅读的习惯。

围绕这个目标，樊登读书在全国招募代理商，代理商通过发展会员赚取利润，同时也承担线下活动的组织工作。久而久之，读书不再是一种个人行为，线下的读书会促进了人与人之间的交流与互动。

樊登曾说，读书会的模式其实跟卖洗涤剂差不多，不需要付出太多的资金成本就可以获取丰厚利润，返给代理商的钱自然也就更多。

2016 年，樊登读书开始创新商业战略，与各大书店合作，通过加盟现有书店与建立直营书店，进一步拓宽了发展会员的渠道，让热爱阅读的人总能看到樊登读书的身影。

樊登读书的成功得益于其创立之初就确定的“建立付费门槛”与“拓宽线下渠道以吸收会员”的商业战略，正是这两大重要商业战略让樊登读书不断发展壮大。

樊登读书的商业战略能发挥巨大作用有以下原因。

第一，精准分析客户价值主张。樊登发现，我国近半数人认为自身阅读量不够，拥有强烈的阅读意愿，但智能通信设备又只能带来碎片化的信息。这是樊登对当下移动互联网平台知识付费相关企业的商业模式充分研究之后，所解读出的客户价值主张，也是其商业战略的起点。

第二，确定适合自身的产品战略。很多客户很难静下心来完成阅读，企业想突破这个瓶颈，满足其价值主张，就需要帮助他们寻找到一种新颖的、可操作的阅读模式。基于此，樊登读书推出“听书”产品，将之作为商业战略的重要内容，迅速广泛地传播高质量内容，从而快速吸引了一大批忠实粉丝。

第三，创新经营战略，增强客户黏性。樊登读书将新颖的经营理念引入战略，以增强客户黏性。例如，该企业采用线上线下相结合的方式，将线上低成本、高效率的推广手段应用到线下，通过招募代理商和与书店合作的方式让读书会在线下落地，配合数据分析，将会员聚集到一起，借助丰富多彩的线下活动，吸引更多的阅读爱好者。

第四，通过跨界战略来占领新市场。樊登读书最开始做有声书，执行其经营战略之后，在线上和线下同步销售图书。当外界认为这家企业始终围绕图书和阅读开展经营时，樊登读书又开始跨界经营，推出樊登咖啡等专属产品，会员购买这些产品能享受额外的优惠。在上述跨界战略的影响下，客户持续获得新体验，再一次被点燃消费热情。

【模式关键】

企业的商业战略可以划分为产品战略、销售战略、技术战略等，而这些战略的总和被统称为商业战略。在信息时代，企业占据某几处战略高地，已不足以维持长久的优势。只有发挥商业战略的整体价值，企业才能掌握核心竞争力，并取得长远的发展。

现代商业战略的设计思想是，打破传统商业模式运行的线性思维和机械模式，围绕客户价值，对原有价值链加以重构，确保价值链内各环节、主体，能按整体价值最优原则充分衔接与融合。

商业战略的设计重点主要包括以下方面。

1. 业务战略

在商业战略中，应将客户看成业务，即价值创造过程的参与者。在业务战略体系内，客户应是价值流动的一个节点，客户价值应作为商业战略的核心，并以此连接整个商业战略内的价值网络。

2. 流程战略

在流程战略中，企业既应考虑到那些具有核心能力的合作者，确保其可以集中精力和资源，维护业务的不同环节；又要考虑整体成本，利用流程战略，发挥本企业在各主体之间乃至整个市场竞争过程中的推动作用。企业应通过对流程的具体规划和管理，对其他成员的价值加以整合，并专注于提升自身的核心能力。

3. 价值战略

企业对自身业务价值的观察，必须与商业战略联系起来。商业战略目标能帮助企业明确要突出何种价值维度。

例如，企业的战略目标为快速成长，其构建价值战略时就应重点关注扩张速度、客户流量等因素。这类价值战略具有可评估性，有利于企业迅速吸引新客户、扩大市场规模。相反，如果企业的战略目标是提高成本收益率，价值战略的关键维度就应能体现客户关系和利润。

商业模式落地的过程中，商业战略能发挥重要作用。而商业战略的制定，也离不开企业对商业模式发展方向的把控，企业需要从解读客户的真实需求出发，不断输出高品质产品和服务。企业既要在实践中反思，纠正偏差，又要勇于创新，不断地探索新的领域，获取更多的商业空间，最终赢得市场的认可。

2.1.2 商业战略助力企业获得可持续竞争优势

现代企业间的竞争早已告别普通意义层面上的价格战，而是综合模式下价值的竞争。采用更高价值商业模式的企业，往往能在竞争中占据主导地位，不断做大做强。每个获得可持续竞争优势的企业都具有一套科学、完善的商业战略。

实践成果表明，具有清晰商业模式的企业，通常都具备较大的体量，其对产业整体经营水平的提升、对促进地区劳动力就业和拉动经济增长，具有重要的作用。这样的企业在制定商业战略时，需要重视自身的强项、弱项，面临的机会与威胁。企业应针对价值链上的所有主体进行分析，不断发现问题并解决问题，形成独有的竞争优势。

【案例拆解】

商业战略的重要价值，在于帮助企业在经营过程中确定自身的生态位置，避免盲目竞争，进而获得可持续的竞争优势。农夫山泉之所以能在我国包装水市场中获得生存、发展的空间，进而占据市场头部位置，依靠的就是独特的商业战略。

农夫山泉刚进入市场时，娃哈哈、乐百氏已经占领了纯净水市场三分之二的市场份额，农夫山泉面对的是和其他竞争对手分享余下市场的窘境，其压力可想而知。此时，法国达能又投资并控制了娃哈哈、乐百氏各51% 的股权，二者形成了技术上和资金上的领先地位。为此，农夫山泉果断改变商业战略重心，将战略目标从纯净水市场转移，投向矿泉水市场。他们利用千岛湖无污染活性水作为原料，采用自动消毒、灌装等工艺，为自身品牌奠定了高品质、高标准的内涵。此外，农夫山泉又在不同发展阶段，围绕商业战略，采取了不同的营销策略、设计策略、定价策略，从而在矿泉水市场持续领先。

该企业 2021 年的年报显示，当年企业总收益为 296.96 亿元，同比上升 29.8%，其品牌在行业内占据主导地位。

正如农夫山泉通过商业战略的改变而在竞争中取胜，无论企业规模多大，其拥有的商业资源都是有限的。想要让企业长盛不衰，企业家必须学会制定明确的商业战略，这样才能看清企业要做什么、放弃什么和重点发展什么。当企业通过制定商业战略明确了前进方向，支持企业商业模式的内外部合作者才能达成共识，从而激发其创造共赢局面的积极性。

【模式关键】

企业的长期竞争优势来自核心竞争力。核心竞争力是企业自我培养出来的能力，也是企业凝聚自身商业模式独特价值的内核。企业应通过商业战略部署，将有限资源合理分配到业务、流程和产品上，以形成长期竞争优势。

企业制定商业战略，能从多方面增强竞争优势。图 2.1-1 所示为企业商业战略对竞争优势的影响。

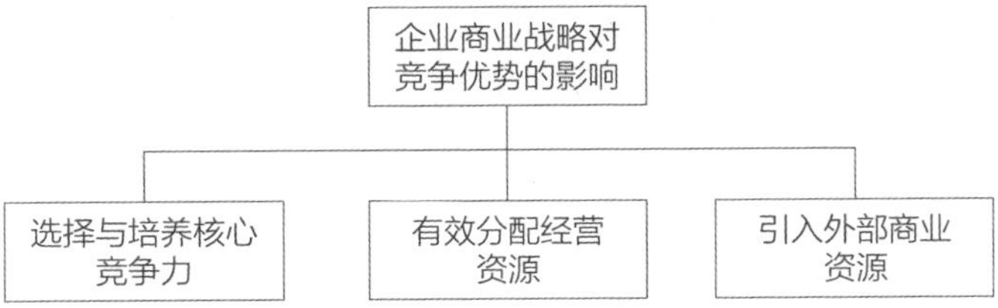

图 2.1-1 企业商业战略对竞争优势的影响

1. 选择与培养核心竞争力

企业在商业战略的建构和规划中，必须重视选择和培养核心竞争力。核心竞争力是企业向客户提供无法取代的价值的核心能力。企业想获得长期的竞争优势，必须充分培养并有效发挥核心竞争力。

企业的核心竞争力往往体现在品牌价值中，例如饮料产品中的可口可乐、汽车产品中的劳斯莱斯……当然，核心竞争力也包括技术开发能力、物流网络、生产方式、企业价值观等要素，企业必须能找准落脚点，再结合商业战略长期培养核心竞争力。

选择核心竞争力要素时，企业应注重要素的可模仿性、可转让性、可替代性等特性。产品和服务上述特性的分值越低，企业的商业战略就越容易带来长期的竞争优势。而稀有性、持久性等特性的分值越高，企业的商业战略越容易带来竞争优势。此外，即便企业的商业战略带来了充分的竞争优势，但随着市场环境变化，企业仍应通过重新选择与培养核心竞争力，维持竞争优势。

2. 有效分配经营资源

在制定商业战略时，企业不能只考虑单个业务是否成功，而应该站在企业商业模式成效的高度，思考如何在不同业务之间配置资源。一旦某个业务过多占用战略资源，导致其他合理业务陷入资源不足的困境，企业的经营基础就会变得越来越薄弱。

企业还必须确定不同业务的定位、目标和指导方针，并对业务组合的不同价值加以判断，以此来指导战略执行。

3. 引入外部商业资源

商业战略还可以帮助企业引入外部商业资源。例如，当原有经营资源和能力不足时，企业除了可以启用内部培养的人才，还可以利用收购、合作或外包等战略手段，有效补充人才。

通过商业战略的指引，企业能将外部商业资源引入商业模式中。实践中，越来越多的企业将人事、财会，甚至制造、物流、销售等业务都外包给专业合作者。这样既能降低商业成本，同时企业也能向客户提供更多附加价值。当然，引入外部商业资源也可能带来某些问题，包括企业内部的经验积累不足、商业信息泄露等。企业在规划商业战略的相关内容时，必须看清环境，全面考虑自身优势和劣势，以发挥外部商业资源的最大价值。

2.2　商业战略的规划与实施

商业战略可以是短期的，也可以是长期的。商业战略通常可以划分为三个层次：与商业模式匹配的整体战略，与关键资源、盈利模式匹配的经营战略，与关键流程有关的职能战略等。无论具体层次有何不同，成功的商业战略都离不开精准定位、缜密规划和周全实施。

2.2.1　商业战略的规划过程

商业战略的规划，是企业最高管理层确定战略任务、确定战略目标、选择业务组合、制定增长方案，确保企业资源和能力适应市场环境的过程。这一过程涉及企业各部门，包括生产、营销、财务、人事等部门，可划分为一系列步骤。

图 2.2-1 所示为商业战略的规划过程。

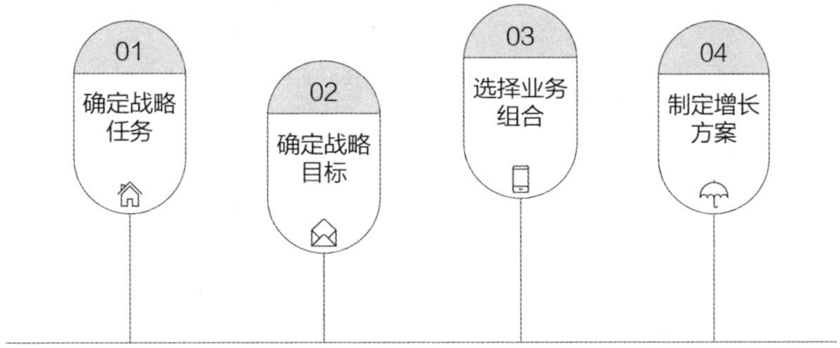

图 2.2−1　商业战略的规划过程

1. 确定战略任务

战略任务是指在一定时期内，企业服务的对象、经营的项目和预期要达到的目的，它通过服务、产品结构、市场范围等表现出来。战略任务是企业规划商业战略时，首先应明确的问题，包括以下内容。

企业目前的重点业务是什么?

企业主要的商业市场在哪里?

企业主要的客户是谁?

客户需要企业满足其怎样的价值主张?

企业未来经营的主要业务是什么?

明确了上述内容，也就明确了企业商业战略的整体发展方向。例如，国际商业机器公司（IBM）过去以销售计算机硬件和软件为主要战略任务，但在利润下滑之后，IBM 调整主要战略任务，转为致力于深耕信息技术、软件和业务咨询等领域，为客户提供数据和信息技术问题的有效解决方案。正是主动改变战略任务让 IBM 焕发了新的生命力。

2. 确定战略目标

战略任务确定后，就应制定具体的战略目标。战略目标是企业在一定时期内需达成的业务目标，通常包括销售额、销售量、利润、投资收益、市场占有率等目标。企业战略目标应具体明确且具有可实现性。

战略目标应符合以下要求。

（1）多层次。战略目标不应只在单一维度上设定，而要设定多层次目标。任何单一的战略目标都无法反映企业经营的全貌。

（2）可量化。企业的战略目标应能利用可量化的标准加以界定、表达和拆解。

（3）务实。战略目标应具有务实性，能和企业现有资源条件、竞争环境相匹配。企业重视战略目标的务实性，能确保目标可达成。

（4）有逻辑。战略目标的内容应在时间、主次、强弱等方面具有逻辑性，便于规划者、执行者理清不同目标之间的关系，以优先实现重点目标。不同的目标之间应充分协调，避免相互矛盾。

（5）分阶段。战略目标通常属于中长期目标，需要 1 年到 5 年乃至更长时间才能达成。企业应对战略目标进行阶段性划分，并提出便于执行的具体要求。

3. 选择业务组合

确定战略任务和战略目标后，企业领导者应对业务组合进行分析与评价，以确定哪些业务能促进企业在竞争中发挥最大优势。根据业务经营效果来决定投入资源的比例，以此确保企业和客户的利益。

为对业务组合进行优化，企业首先应对所有产品或业务进行区分，将之归类为不同的战略业务单元。其中，每个战略业务单元都是单独或相关的个体。企业应先对相关的生产经营活动单独加以计划和考核，随后再分析与评价每个战略业务单元的经营效果、增长机会，并采取对应的措施。

4. 制定增长方案

企业选择了业务组合，就决定了哪些业务单元需要在战略层面被充分重视、增加投入，同时也决定了哪些业务单元需要减少投入甚至被取消。

企业制定增长方案，实际上也是在寻找替代增长方案。如果不采用新的增长内容来取代原有的增长内容，企业就无法实现预定的战略目标。通常而言，企业设计增长方案时，首先应在现有业务中寻找具有潜力的业务，随后分析这些具有潜力的业务被开发的可能性，最后考虑与现有业务毫无关系但有较大发展潜力的业务。

2.2.2 商业战略的定位与实施

在进行系统和全面的分析后，企业应根据自身商业模式、战略目标、市场环境、在竞争中的地位等因素，准确定位和实施商业战略。这需要企业领导者完成以下工作。

1. 明确商业战略的定位

企业提供的产品和服务会流入特定的市场，而每个企业在其所处的市场里，都扮演着一定的角色。采用何种商业战略，同企业扮演何种角色有重要联系。

图 2.2-2 所示为企业在市场中扮演的角色。

图 2.2-2　企业在市场中扮演的角色

根据企业在现有市场内的地位，企业扮演的角色可分为以下几类。

（1）市场中的主导角色。市场中的主导角色是指在相关产品市场上占有率排名靠前的企业。在大多数行业中，只有一两家企业属于主导企业，它们大多拥有研发、定价、营销等方面的优势资源和充足话语权，其主导地位被同行业其他竞争者承认。

主导企业是其他企业追随、模仿、挑战或避让的对象，其商业战略的定位通常具有强势引领性质。

（2）市场中的挑战或追随角色。在同一行业或市场中，占有率排名处于中间的企业，属于挑战或追随角色。这些企业在定位自身商业战略时，通常采取两种态度：或者强调其产品和主导企业的产品在质量、功能、品牌价值上相差不大，总是寻找机会向主导企业挑战；或者承认自身尚有不足，愿意跟随主导企业，尽可能多地获得资源。因此，这类企业在进行商业战略定位时，通常会根据实际情况，确定本企业是挑战角色还是跟随角色。

（3）市场中的弥补角色。不同行业中都存在一些规模较小但地位重要的企业，它们选择的产品品类或服务内容容易被大企业忽视，但又不可或缺。因此，这些中小企业能通过有效的战略定位来获得收益，成为市场的弥补者。作为弥补者，其商业战略定位通常都是弥补型的，即占据市场空白位置以抢占先机。

2. 实施商业战略

为在竞争中赢得优势，企业应为商业战略选择具体的实施方向，主要包括低成本、差异化和重点化三大实施方向。

（1）低成本实施方向。低成本实施方向，是指在商业战略实施过程中，企业通过有效途径，降低成本，以获得充分的竞争优势。这种低成本战略需要企业努力发挥规模优势，降低成本，确保自身产品成本与竞争者相比较低，进而利用价格优势，在商业竞争中占有一席之地。

企业采用低成本实施方向时，可以采用多种方式，包括简化产品、改进设计、节约材料和人力成本、降低管理费用等。例如，企业可以取消产品多余的功能，或去除服务过程中作用不大的环节；企业也可以调整产品的组成，以形成独特的竞争优势。

（2）差异化实施方向。差异化实施方向，是指企业让产品定位、服务内容等区别于竞争者，以获得独特的竞争优势。

差异化实施方向，包括产品差异化实施方向、服务差异化实施方向等。企业采用这类实施方向时，应致力于通过产品或服务等的差异化，实现企业品牌形象的差异化。

（3）重点化实施方向。重点化实施方向，主要包括成本重点集中和产品重点集中两大方向。在成本重点集中方向，企业需要确立低成本优势；在产品重点集中方向，企业则应努力突显产品的独特价值。

例如，在产品研发、生产工艺等环节成本较高的行业中，企业应将某一产品线作为战略发展重点；而在服务价值较高的行业中，企业则应将需求最明显、最突出的客户群体作为战略发展重点。

2.3 商业模式与商业战略的区别

商业战略与商业模式有着密不可分的关系。商业战略是商业模式的一部分，是企业根据商业模式制定的行动策略。企业拥有明确的商业模式，才能开发出成功的商业战略。这不仅是因为商业模式自身的价值显著，还因为它能对企业规划、实现商业战略的过程发挥重要影响。

2.3.1 稳定性：商业模式相对稳定，商业战略动态变化

商业模式是企业创造价值的根基，而商业战略则是在商业模式的基础上，受环境条件影响的行动策略。从稳定性层面分析，商业模式是相对稳定的，而商业战略则是动态变化的。

商业模式的设计架构主要由商业模式的多种影响要素组成，包括价值创造、价值赋予、价值获得等要素，也包括企业内部组织结构、供应资源、业务能力、评估反馈和完善创新等要素。这些要素必须经过实际调研

加以确定，一旦确定，其在短时间内的改变程度并不会太大，也就不会对商业模式造成很大影响。因此，商业模式相对稳定。

与此不同，商业战略受到市场环境影响，也受到竞争者影响。企业对这些因素的变化走向所做出的可能性预测，是制定战略的重要前提。这也解释了为什么商业战略在执行中需要经常调整，以使之更符合实际情况。

2.3.2　关注点：商业模式关注客户价值，商业战略关注竞争对手

在商业战略架构过程中，确立竞争优势是非常重要的步骤。竞争优势是商业战略制定的出发点，也是企业在执行商业战略时达成目标的基础。企业规划商业战略，就是为了战胜对手，确立领先地位。因此，商业战略更关注竞争对手的行动。

与此不同，商业模式更关注客户价值主张。客户是每一种商业模式的核心，如果客户的需求从商业模式中无法获得满足，那么这样的商业模式难以长久存在。

2.3.3　商业战略与商业模式的匹配关系

商业战略与商业模式有效匹配，是企业参与市场竞争并获胜的重要前提。商业模式的稳定性，能为商业战略有效实施创造条件；商业战略的灵活性，又能指引商业模式创新的方向。因此，两者必须有效匹配。

【案例拆解】

微信，是我国互联网产业中的重要产品。这款软件从诞生到壮大，其成功原因很大部分归结于商业模式和商业战略的完美匹配。

从商业模式上看，微信完美复制了腾讯 QQ 的免费商业模式，而这一互联网商业模式也并非腾讯首创。

早在 21 世纪初，我国互联网技术浪潮带来的变革，促使许多互联网

服务都走向免费。例如，电子商务、电子邮箱、网络游戏、搜索引擎等，也包括腾讯旗下产品QQ所涉及的即时通信服务。很多互联网企业采用免费商业模式，利用免费而功能齐全的产品，吸引大量客户，再利用这些客户吸引更多客户，并为他们提供原本需要付费才能获得的体验。在此过程中，企业能利用独特的业务和流程，满足客户的价值主张。与此同时，企业也能获得客户流量，再将流量变成资源，通过延伸价值链（例如广告分发）或收费服务实现盈利。当移动互联网时代到来后，免费商业模式被腾讯移植到手机中，形成微信的商业模式基础。

微信也采用了与商业模式相匹配的商业战略。

在巨大客户流量的基础上，腾讯将资源投入微信的相关功能上，重点打造三种服务，分别是生态服务、支付服务和行业应用服务。其中，生态服务主要涵盖微信基础功能、公众号、小程序等，支付服务包括基础支付、商户管理、营销等，行业应用服务包括各类缴费、免密代扣、刷脸应用等。这些战略内容的设定建立于免费商业模式所奠定的流量基础上。

在腾讯的商业土壤上，生长出的参天大树——微信，免费商业模式是其根基，生态商业战略是其枝蔓。

商业战略会受到企业核心能力、经营者管理行为特征和企业文化内涵的影响，同样也会受到商业模式的影响。因此，商业模式和商业战略并非相互替代或对立的关系，而是互补且匹配的关系。商业模式能帮助企业在具体的竞争中看清方向，企业则需要通过制定和实施商业战略，实现商业模式的价值。

【模式关键】

商业模式和商业战略理应相互融合和作用。商业模式的重点在于创造并传递价值给客户，而商业战略的重点在于打通传递价值的路线。两者融合的基础在于其同样关注价值。

通过构建和落地执行商业模式，企业可以确立商业战略的对外竞争对象。而通过良好的组织结构，企业也能形成强大的战略执行能力，产生持久的竞争优势。当然，在环境变化迅速而深入的时期，较为激进的战略变革，也可能倒逼商业模式发生根本性的变化。总体而言，商业模式为商业战略的实施创造了环境条件，而商业战略又反过来为商业模式提供了明确的价值主张。

企业在匹配商业模式和商业战略的过程中，要注意以下几点。

1. 避免矛盾

无论何种商业模式，其运用成效都受宏观环境影响。企业在设计商业模式时如果充分考虑了环境情况，就更容易融合商业模式和商业战略；而如果商业模式的包容性较差，就较难为商业战略变革提供支持。

同理，当商业模式发生变化时，企业也需要积极变革商业战略，以适应变化，而不能放任两者产生矛盾。

2. 增强商业模式的包容性、主动性和灵活性

企业变革和创新商业模式时，既要注意为客户提供具有更多价值的方案，也要增强商业模式的包容性、主动性和灵活性，确保其能与商业战略兼容。

企业应对已有的商业模式进行适当调整，包括增加或减少价值链环节，并提出各种新的解决方案等。如果这些调整带来的效果不够好，企业就要考虑对商业模式进行重构。

3. 增强商业战略的柔性

商业战略是在商业模式的基础上诞生的，对既有的商业模式有着依赖

性。企业需要通过设计内部制度，增强商业战略的柔性，以在成长过程中及时摆脱对过去商业模式的路径依赖。例如，企业可以通过打造企业文化，完善管理结构，促使战略变革获得更好的环境。这有利于企业顺利匹配商业战略和商业模式。

成功的企业必然有强大的商业战略以及成熟的商业模式。因此，在任何发展阶段中，企业都必须精准匹配两者，以使其共同发挥力量。

第3章
商业模式创新的原则与策略

商业模式的作用在于帮助企业向客户提供更多价值，而不仅是提高企业经营的效率。为了发挥商业模式的作用，企业必须遵循相关原则，推动理念的转变和变革的开展，实施多元化策略，全面实现对商业模式的创新。

3.1 商业模式创新的“六六五”法则

商业模式创新的难点在于如何围绕目标客户的核心需求，实现价值链整体利益最大化，包括如何降低成本及风险，平衡各环节的关系等。

在企业的商业模式创新实践中，“六六五”法则发挥了重要作用。

3.1.1 “六式理论”：全方位、系统性设计与重组商业模式

商业模式创新的“六式理论”，主要用于指导企业全方位、系统性地对商业模式加以设计与重组。

“六式理论”主要包括以下内容。

1. 客户问题

企业应如何定位与选择客户？客户的隐性核心需求是什么？通过提出并回答上述问题，企业能详细描绘客户的画像，明确商业模式创新的具体愿景。

2. 自身问题

企业主要通过何种产品或服务，以何种方式与途径获得收入？这样的收入如何实现可持续增长，如何评价其增长潜力？通过对这一系列问题的研究，企业能更全面地认识自身，明确商业模式创新的现有基础。

3. 成本问题

企业如何有效降低成本？对这类问题的有效回答，可以帮助企业确定成本的下降空间和方式，而这是商业模式创造客户价值的关键。

4. 复制问题

商业模式能有效进行自我复制，才能适应企业在不同阶段、不同市场中的现实需要。企业应自问：现有的商业模式下，企业是否存在扩张瓶颈？如果存在，解决这一问题，才能为商业模式的创新过程减少阻碍。

5. 竞争壁垒

一旦企业拥有成熟且优秀的商业模式，就很容易被市场竞争者效仿。企业需要确定能否通过掌控核心资源，形成高竞争门槛，避免他人复制自身的商业模式。

6. 价值链

企业对商业模式的创新，离不开对价值链的系统性设计与重组。企业应如何系统性地设计与重组价值链的形态，如何检验各个环节之间的矛盾并加以处理，影响着商业模式创新能否迅速成功。

3.1.2　“六个关键”：打造商业模式设计系统

创造新的商业模式离不开强大的设计系统。把握“六个关键”，企业才能成功打造商业模式设计系统，进而设计出符合实际需要的商业模式。

图 3.1-1 所示为商业模式设计系统的六个关键。

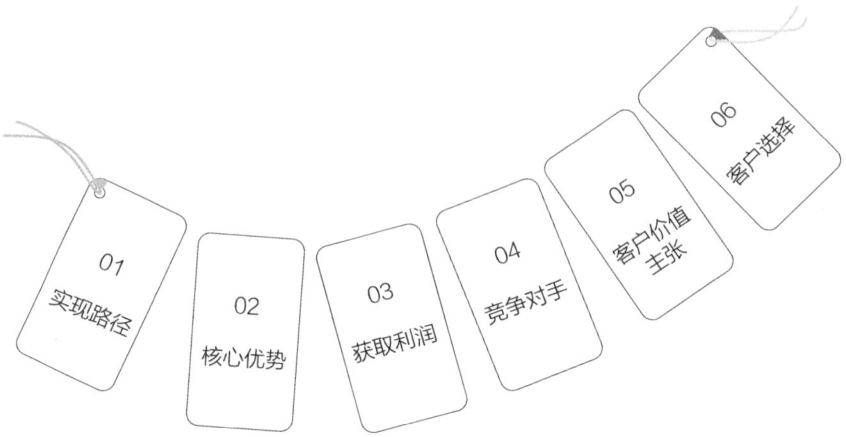

图 3.1-1　商业模式设计系统的六个关键

1. 实现路径

构筑实现路径，是商业模式设计系统的重要内容，它决定了产品或服务如何为企业、为客户带来价值。

2. 核心优势

在选择核心优势时，企业应围绕如何撬动利润杠杆进行观察和思考，思考与核心产品、技术、业务和能力等有关的问题。事实上，在企业内部，很难让利润实现路径的每个环节都具有超出平均水平的竞争力，很可能只是其中某一两个环节具有较强竞争力。

依赖商业模式设计系统的建构，企业才能有效分辨出优势环节，从而确定商业模式的设计重点。

3. 获取利润

企业构建商业模式的意义在于从向目标客户提供价值的过程中获得利润。获取利润的方式，影响着企业价值获取、战略定位、成本控制等不同方面的工作。

设计商业模式时，企业应寻找最好的利润获取点。为合理获取利润，商业模式需要针对目标客户的直接需求创造价值。

4. 竞争对手

商业模式的设计和建设还应围绕竞争对手这一关键要素，企业应洞察其行为模式，乃至洞察整个产业链。企业应建立有效的利润壁垒以防止竞争对手抢占企业的目标市场。

针对竞争对手，企业在打造商业模式的过程中，可以利用树立领导地位、构建富有特色的企业文化、建立良好的品牌形象、控制价值链等手段，发挥利润壁垒的重要作用。由于竞争对手的行为具有不确定性，企业也无法轻易获得市场相关信息，所以不存在一种商业模式能始终确保竞争对手不对企业构成威胁。因此，商业模式设计系统必须要具有一定的弹性，能根据竞争对手的变动而适时调整。

5. 客户价值主张

企业在确定目标客户的价值主张后，在市场中对产品进行明确定位，是打造商业模式设计系统的关键。这一过程主要着眼于如何利用商业模式提升企业创造价值的能力，提高企业战略地位。

在分析目标客户的价值主张时，首先，企业应分析客户的直接需求，并为产品和服务匹配最容易接受其价值的客户群，再决定如何设计商业模式。其次，企业要分析客户群的规模，如果缺乏足够规模的客户群，企业对客户价值主张的满足程度就会受影响。最后，企业还要在商业模式设计系统内设置关键功能，以便深入观察客户群的价值主张，确保价值链和目标客户群的稳定性。

6. 客户选择

企业应确保商业模式设计系统的精准性，即准确满足目标行业、目标客户的需求。

正是在对这些关键问题的回答过程中，企业才能明确商业模式的价值方向，商业模式设计系统才能发挥作用。

3.1.3 “五个步骤”：逐步深入，打造成功商业模式

在商业模式设计系统的“六个关键”的基础上，企业应重点关注“五个步骤”，利用其打造成功的商业模式。

图 3.1-2 所示为商业模式设计的“五个步骤”。

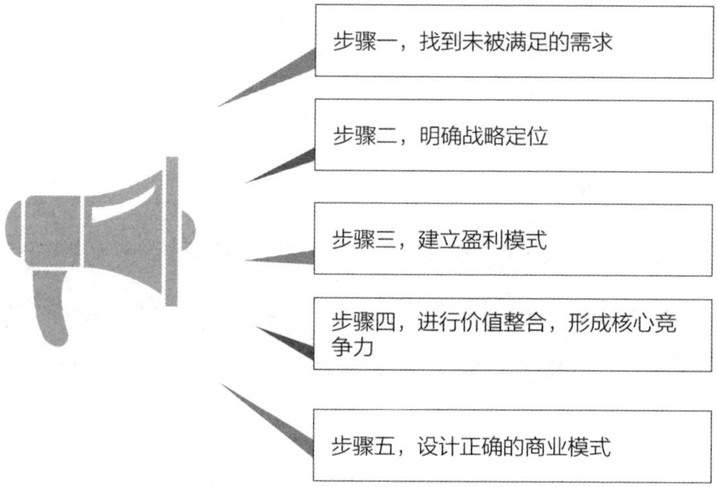

图 3.1-2 商业模式设计的“五个步骤”

1. 找到未被满足的需求

商业模式设计的目的在于为客户创造更大的价值。为此，企业必须明确将活动结果指向目标客户的直接需求。

在设计商业模式的开始阶段，企业应详细观察和分析目标客户的需

求，以区分已被满足的需求、未被满足的需求和潜在需求。其中，未被满足的需求应该是最受重视的，因为这类需求往往表现为客户的痛点，亟待解决。同时，客户需求是不断变化的，企业对客户需求的理解和把握需要建立在长期深入、广泛的分析基础上，站在客户角度不断挖掘其已知和未知的未被满足的需求。

围绕未被满足的需求，企业还要对自身掌控核心资源的能力进行分析，对自身获取以供应链为代表的外部资源的能力进行分析。在这些分析的基础上，以客户需求为重点，确定商业模式设计的方向，以完成对各类资源的有效整合。

2. 明确战略定位

明确战略定位的主要内容包括确定企业价值主张，以及确定目标客户和客户关系，具体包括企业应选择怎样的客户，与他们建立怎样的关系，提供什么产品或服务，能向客户提供哪些价值等。在不断变换的市场竞争格局中，不会有哪一家企业能向所有客户提供所有价值。因此，明确的战略定位能帮助企业发现市场机会、增强竞争力。

明确企业的战略定位有三个前提。首先，企业应明确目标客户；其次，企业应确定满足目标客户需求的方式；最后，企业应确定自身与客户的关系。只有合适的客户关系，才能帮助企业明确自身价值主张，精准完成战略定位。

3. 建立盈利模式

在设计商业模式的过程中，企业应对各种潜在盈利资源进行搜集、归类，整理其逻辑关系，将之运用到具体的盈利模式中。

企业应明确新的商业模式下不同利益方扮演的角色，并结合利益方的资源数量、利润获取点，匹配不同的盈利模式。企业还应积极推演自身与利益方的现金流情况，确保企业内外现金流充足。

围绕盈利模式，企业需要积极识别经营要素的价值，以此发现盈利机会，即探求利润的来源、形成和获得方式。企业通过设计商业模式，可创造出更多的利润来源，撬动更大的利润杠杆，增加业务收入。

4. 进行价值整合，形成核心竞争力

企业应积极整合价值链的各个环节，创造价值。绝大多数企业都无法拥有满足客户所有需求的能力，即便企业能够获得这样的能力，也会面临较大的风险。因此，企业要对涉及价值的要素及其组合加以研究分析，找到新的价值创造方式，以打造适用的商业模式。

5. 设计正确的商业模式

企业对商业模式的设计离不开对其形式的有效设计。首先，企业应理性看待现有产品或服务的价值链，了解其现有形式能否变得更高效。其次，企业还应重点分析价值链中的某项活动，例如研发、营销等。分析对象既包括活动本身，也包括这些活动之间的连接或支持（例如人力资源管理、后勤）等环节。通过上述步骤，企业可以确定商业模式形式设计的重点环节，使其更加贴合价值需求。

3.2 商业模式创新的“一五九”法则

成功的商业模式并不一定会在技术上表现出惊人的突破，但必然在某个或多个环节上蕴藏着创新。这些创新可能是对商业模式内部结构的调整，也可能是对原有商业模式建构规则的颠覆。

无论进行何种创新，“一五九”法则都是企业应重点理解和应用的工具。

3.2.1　一个点

商业模式的创新，需要企业理解创新理念的出发点，即“不断变革才能摆脱昨天”的经营意识。

从商业进步的历史来看，先进的、高效的、科学的模式会取代陈旧的、低效的、不科学的模式。企业只有紧紧围绕创新理念，不断进行创新，才能在激烈的竞争中获得生存与发展空间。

【案例拆解】

UC 优视科技有限公司（以下简称“优视”），成立于 2004 年。作为我国移动互联网产业中的重要服务企业，优视不断通过商业模式创新，保持竞争优势。

成立之初，优视利用云计算的技术创新，打造出 UC 手机浏览器。为将之变成企业的核心产品，优视在 2006 年主动削减了大量项目，将全部资源投入其中，之后其市场占有率迅速提升。2011 年，优视凭借 UC 手机浏览器又抓住大量用户使用安卓系统的时机，获得更大市场号召力。

对优视而言，UC 手机浏览器不仅是流量入口，还是内容分发平台。优视利用该产品的价值特点，建构了专属商业模式。这一商业模式不仅能满足用户的浏览需求，还能满足其信息需求、娱乐需求和消费需求，其中蕴含的创新能量，成为企业成功的关键。

商业模式的创新看似复杂，但其核心理念是不变的，即利用“创造性破坏”来推翻市场、行业、客户对产品价值的既有观点，利用新的商业模式，打破所有阻碍创造新价值的枷锁。

【模式关键】

企业应围绕创新理念，从以下方面进行商业模式创新。

1. 开拓价值

企业应秉持创新理念，打破思维框架，以新的视角观察价值链，判断其中哪些活动是缺乏价值的，哪些活动是真正有价值的。企业应围绕客户需求重组有价值的活动，并向其投入大量资源。

2. 重构网络

企业应积极重新定义供应链上不同成员的相互关系，建立更为灵活的新型合作关系，增强供应链上每个环节的弹性。

3. 挖掘潜力

通过创新理念所发挥的指导作用，企业可以认识和挖掘现有供应链的潜力，结合商业模式的革新，促使新资源发挥更大作用。例如，大润发超市原本是一家线下零售企业，但其发现了供应链上仓储、配送的潜力，将之融入新的商业模式中。这一模式既能满足客户的线上购物需求，又能增加企业的收入和利润。

4. 寻求多种盈利方式

企业不应固化认知，而是要寻求多种盈利方式，避免盈利思维单一化。例如，企业可以通过向客户直接销售产品获利，也可以围绕产品提供服务获利，还可以通过与供应商合作获利等。

3.2.2　五个关键动作与五个视角

商业模式创新过程中，企业管理层应对五个关键动作与五个视角尤为重视。其中，五个关键动作应纳入核心工作内容，五个视角则应成为观察、分析关键动作及判断其效果的标准。

1. 五个关键动作

商业模式创新过程中，主要包括突破、重塑、包装、提炼和执行五个关键动作，这五个关键动作组合形成企业分步进行商业模式创新的要点。

（1）突破。该关键动作要求企业突破自我，改变认知。企业如何生存和经营，不仅取决于企业管理层，还取决于企业如何认识自身所处的主客观环境。商业模式的创新，需要企业从研究内部环境开始，去改变自身与外部环境的关系。企业一旦能突破原先的关系认知，就能重构对外输出价值的模式。

（2）重塑。该关键动作要求企业发现新的价值关系，并判断其究竟是客观存在的，还是主观幻想的。当企业发现了新的价值关系时，首先要观察客户和企业能否从中得利，其次判断新的价值关系能否用于消除竞争对手的影响。如果答案都是能，则企业实现了对价值关系的重塑。

（3）包装。企业应对价值关系进行重塑。例如，传统商业模式中，农产品的运输损耗相当大，以蔬菜为例，其从土地到餐桌的损耗率在 40% 左右。农产品企业如果能集中注意力到有效降低损耗率上，就意味着其开始重塑服务过程的价值关系。

企业还需对价值关系进行认真研究并加以包装，提供包括生产、运营、服务、营销等环节在内的解决方案。当客户接受经过包装的方案后，双方价值关系才能得以重塑。

（4）提炼。企业不应将一套复杂的解决方案提供给客户，而是要对其进行提炼。通过提炼，企业才能借助这一方案提高利润率。

例如，企业必须要清楚自身的成本包括哪些部分、收入来自哪些客户，如果不对其加以提炼，就会发现所有成本和收入都是混乱的；在提炼之后，成本和收入结构将变得清晰，并被划分为多级复合层次。企业可利用层次关系，对成本和收入的来源进行梳理。

（5）执行。当企业完成上述所有工作后，就能吸引更多的利益伙伴加入价值链的重塑中。此时，企业不再只是扮演提供产品的角色，而是成为整个价值生态系统的核心。

企业要不断将新的生态圈角色引入系统，并识别利益顺序，而这需要企业不断执行以上关键动作，直到商业模式成熟且能自动运行。

2. 五个视角

在五个关键动作的实施过程中，企业应利用以下视角观察分析。

（1）商业模式提供什么价值?

（2）商业模式为谁提供价值?

（3）商业模式将如何提供价值?

（4）商业模式运营的成本是多少?

（5）商业模式带来的收益是多少?

针对每个关键动作，企业管理者都需要反复询问这些问题，以检查其取得的成效。

3.2.3 九宫分析法与四个关键点

五个视角主要用于企业对关键动作的分析判断，如果将其应用范围进一步扩大到企业对整体商业模式创新成效的衡量过程中，就形成了以四个关键点为支撑的九宫分析法。

图 3.2-1 所示为九宫分析法与四个关键点。

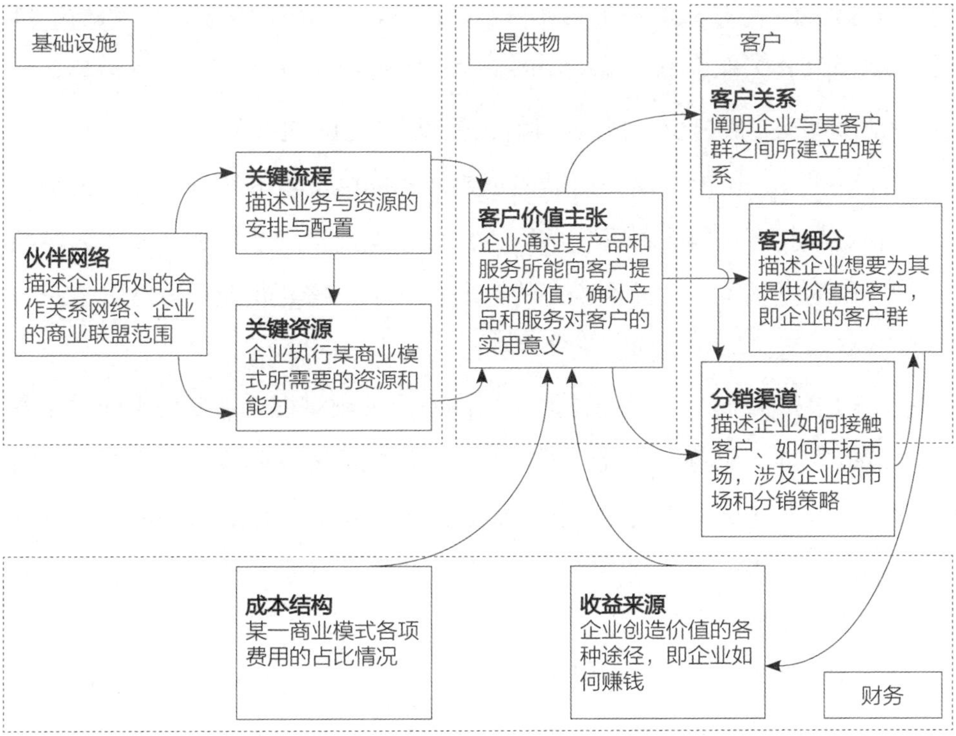

图 3.2-1　九宫分析法与四个关键点

对五个视角加以归纳，可以形成商业模式创新逻辑的四个关键点，分别是提供物、基础设施、客户和财务。其中，“提供什么价值”对应“提供物”，“为谁提供价值”对应“客户”，“如何提供价值”对应“基础设施”，“成本是多少”和“收益是多少”对应“财务”。

四个关键点从战略上分解了商业模式创新中，企业最应关注的关键指标。企业如果想要了解商业模式创新方向是否正确、效果是否明显，应重点关注这些指标，对事实做出总结。对于围绕四个关键点所进行的商业模式创新，企业可以利用九宫分析法加以分析。

（1）客户价值主张。客户价值主张是企业通过其产品和服务所能向客户提供的价值。结合提供物分析客户价值主张，企业能确认产品和服务对客户的实用意义。

（2）客户细分、客户关系和分销渠道。在商业模式创新中，价值通过何种渠道附着于提供物并被传递给客户？企业应从客户细分、客户关系和分销渠道等三方面分析，发现价值传递过程中隐藏的机会。

客户细分，是指企业如何描述想要为其提供价值的客户。客户关系，是指企业与其客户群之间建立的联系。分销渠道，用于描述企业如何接触客户、如何开拓市场，涉及企业的市场和分销策略。企业通过对以上三方面的分析，可以回答如何围绕客户进行创新这一问题。

（3）关键流程、关键资源和伙伴网络。关键流程，主要用于描述业务与资源的安排与配置。关键资源，是指企业执行某商业模式所需要的资源和能力。伙伴网络，主要用于描述企业处于怎样的合作关系网络中，以及企业的商业联盟范围。这三方面的分析结果，可回答如何针对基础设施进行创新这一问题。

伙伴网络影响企业关键流程的效率、关键资源的应用情况，并进一步影响客户价值主张的内涵。同样，企业的关键流程和关键资源的配置情况也会影响其伙伴网络能发挥的作用。

（4）收益来源和成本结构。成本结构，是指某一商业模式各项费用的占比情况。收益来源，是指企业创造价值的各种途径，即企业如何赚钱。

基础设施对价值关系的影响，主要体现在成本结构方面，并影响客户价值主张的内涵。客户对价值关系的反馈，主要体现在收益来源方面。收益来源影响财务这一关键评价内容，并改变客户价值主张的创新逻辑。

3.3　商业模式创新的五个策略

商业模式的创新，处于企业所有创新行为中的最高层次。在概念上，其与普通产品创新、技术创新、制度和经营创新有很大区别，企业也必须使用更具全局意义的策略，才能完成商业模式创新。

3.3.1　以价值创新为核心

商业模式创新，应以价值创新为核心，即借助对价值链的解构、重新定义和重组，形成企业独特的价值创造和传递体系。

【案例拆解】

太阳马戏团是加拿大蒙特利尔的娱乐公司及表演团体。这家马戏团不使用任何动物进行表演，颠覆了传统马戏的表演方式，并由此获得了国际演艺界的各项荣誉以及高额利润。

当太阳马戏团进入市场时，传统商业观点认为马戏行业已经走向末路，各类先进的娱乐行业挤占了其生存空间。但太阳马戏团重新定义了价值，他们注重用马戏形式来表达完整的故事，并将现场音乐、灯光、舞美等与魔术、杂技、舞台剧充分结合，打造出崭新的综合艺术形式。最终，太阳马戏团获得了在行业内的领先位置，形成独一无二的商业模式。

太阳马戏团的成功，主要得益于其创造了独特的价值，向客户提供了与众不同的体验。这种价值创新策略聚焦于企业提供给客户怎样的价值，展现了以价值创新为核心的创新理念。

【模式关键】

企业在设计全新商业模式时，经常需要使用价值创新法。价值创新法是通过对价值要素进行不同组合，打造新商业模式的方法。

价值创新是企业推动商业模式转型的内驱力。当企业价值创新成功时，也就意味着商业模式转型正式启动。价值在创新中获得了提升，企业新商业模式也能伴随价值创新而成功落地。

价值创新通常包括四大环节，企业应在这四大互相关联的环节中不断创造、传递价值。

图 3.3-1 所示为价值创新的四大环节。

图 3.3-1　价值创新的四大环节

价值创新主要包括技术创新、渠道创新、管理创新和资本创新等。其具体内涵如下。

1. 技术创新

企业应紧跟产业技术潮流，利用新的技术工艺，设计具有较强竞争力的产品，并以此引领客户和市场的消费需求。

2. 渠道创新

企业应建立新型营销渠道，更高效地将产品价值传递给目标客户。例如，通过移动互联网，建立企业的社群营销渠道，并利用大数据对客户行为及其特征进行分析，以提高营销成功的概率。

3. 管理创新

企业应对运营的制度流程加以完善和精简，从生硬的管控转向弹性的合作，以此激励不同部门的员工充分投入价值创造活动。

4. 资本创新

企业应通过创新手段，进一步提升资本运营效率。其目的在于有效增强资本的流动性，并借助资本的杠杆效应，拉开自身和竞争者之间的距离。

3.3.2　以客户关系管理为中心

在移动互联网时代，客户不再只关注产品的功能性和消费的经济性，他们更强调个性化，购买需求呈现出分散性。企业在创新商业模式的过程中，同样可以以客户关系管理为中心。

【案例拆解】

小米科技（以下简称“小米”）成功的关键在于其商业模式的特殊性。从技术上看，小米是一家从事智能产品研发和销售的互联网企业；从商业模式上看，小米崛起过程中的亮点在于其客户关系管理。

小米的客户关系管理系统强调开放性和参与性。以小米对操作系统 MIUI 的研发为例，其以“每周迭代”的方式，吸引了上千万名客户参与系统研发。通过社交软件，如米聊、微博等，小米和客户积极沟通，将问题集中，再予以解决。当产品进入生产阶段时，小米会通过官方渠道，不断搜集和总结客户的价值需求。客户通过表达自身的价值主张，获得了良好的产品体验，这也推动了小米不断创新。

在营销部分，小米致力于树立良好口碑。小米利用移动互联网的社交沟通渠道，如微信、微博、论坛等，不断传播小米产品的正面形象，并培养和客户群体的良好关系。这样的营销宣传，让客户适应了同小米联系的方式，从而不断促进双方乃至多方的联系，增强了客户的获得感。

通过搜集客户的价值主张，企业能识别更多客户的深层次需求，并将之整合纳入商业模式的价值体系。当企业做到这一点后，更多客户会将品牌口碑价值同自身情感体验联系起来，他们不仅会成为产品的使用者，还会成为企业的粉丝。这推动了企业进一步构建更有价值的商业模式和生态系统。

【模式关键】

企业需建立和客户之间的友好合作关系，提高其满意度、忠诚度。尤其在商业模式创新过程中，企业应重新定义客户关系管理。

第一，企业既要按客户不同的需求对其进行针对性细分，也要学会从整体上对客户关系模式进行优化。其目的在于激发客户参与价值传播的热情，使客户关系管理变得接近于员工关系管理。

第二，企业应认识到，以客户关系管理为中心开展的商业模式创新，并不是一蹴而就的，而是系统性的工程。企业不仅应重视目标客户，还要重视目标客户周围的人群，例如其家人、朋友。

第三，企业进行以客户关系管理为中心的商业模式创新，还需要有强大的信息系统后台作为技术支撑。

客户关系管理中，一方面，企业需要收集客户资料和基本需求信息，以确保企业了解客户；另一方面，企业需要对客户进行调查，观察其不同时间的状态，了解他们在不同情境下的需求，再根据这些需求推断客户的价值主张。

3.3.3　以战略联盟等方式增强核心竞争力

企业的合作网络是商业模式创新的重要影响因素。在合作网络中，既有负责直接提供产品或服务的供应商，也有其他能推动商业模式高效运作的合作者。企业应通过合资、战略联盟等方式，加强与相关方的合作，增强商业模式的竞争力。

【案例拆解】

战略联盟有多种类型。企业依据商业模式创新的目的，可以在不同的战略联盟类型中做出选择。其中，常见的战略联盟包括合资型联盟、股权型联盟、职能型联盟等。

合资型联盟，主要是指两家或两家以上的法律主体共同出资创办企业，并共担风险、共享收益的联盟形式。通过合资，参与各方能将自己的优秀资源投入其中，并收获自身无法单独达成的收益。在合资型联盟中，参与各方有可能只是在某一两个领域合作，在其他领域依然是竞争关系。

股权型联盟，主要是指利用相互持股关系，加强各方联系的联盟形式。与合资型联盟相比，其参与各方的资产、人员无须进行合并，参与各方在股权利益基础上加强合作。

职能型联盟，是商业模式创新中经常使用的战略联盟形式，即企业之间以签订协议的形式进行合作，主要合作内容包括产品研发、制造生产、市场营销等。这一类联盟不产生新组织，参与各方主要就一项或几项商业模式中的职能活动，形成具体的合作关系。具体的合作关系有以下几种。

合作开发关系，是指企业与其他合作企业就新产品、新技术的研发进行合作，从而分担研发成本、规避研发风险，不断推出新产品。交叉分销关系，是指企业之间相互销售对方产品，以增加销售渠道，增加双方的收入。特许经营关系，是指战略联盟内的企业，可以在双方特别许可的经营领域内，相互配合营销。联合生产关系，是指企业可以通过战略联盟来扩大生产规模、降低生产成本，也可以在市场需求减少时灵活调整生产规模，提高变革的效率。

以战略联盟为中心进行商业模式创新，是一种非常实用的创新方式。与专注于内部要素的创新相比，这一方式机动灵活、效果显著。

【模式关键】

在建立战略联盟并应用新商业模式的过程中，企业也应注意以下重要事项。

1. 慎重选择战略联盟伙伴

大部分战略联盟中，伙伴之间的合作关系较为松散，几乎不可能像企业内部那样依靠自上而下的方式进行管理。因此，企业在选择战略联盟伙伴时，需要考察其真正的合作意图。

战略联盟伙伴能否在经营方式、核心技术、产品价值方面与本企业互补，是重要的判断标准。企业应在确定战略联盟伙伴之前，对其进行全面且深入的了解。

2. 建立良好的战略联盟运行机制

战略联盟的组织类似网状结构。企业有必要建立适应这一结构的运行机制，以便对本企业与合作者应承担的义务、行使的权利进行有效界定，避免产生组织运行问题给商业模式创新带来影响。

3. 加强沟通

在战略联盟中，不同的企业有不同的组织结构、人员结构、企业历史、管理文化等。如果企业间不加强沟通、减少矛盾，就会导致战略联盟运行失败，甚至造成企业自身商业模式创新失败。

企业不妨通过多层次的沟通，确保本企业与合作者在人员、价值观、企业文化、行为规范等方面相互协调，由此保证商业模式创新顺利进行。

3.3.4　充分利用网络信息平台的力量

商业模式的创新，重在通过新的方式、整合新的资源，创造竞争者无法为客户提供的新价值。因此，好的商业模式必须具备难以模仿性。

传统商业时代，企业的商业模式往往是不变的，而这种稳定性给竞争者创造了模仿的机会。企业有必要充分利用“互联网 +”的力量，充分利用网络信息平台，对原有的商业价值链加以改变。

【案例拆解】

2018 年，抖音、快手等移动互联网短视频平台迅速崛起，同时也改变了许多行业的商业模式。其中，旅游文化行业商业模式的变化比较显著。各大景区、乐园纷纷开设抖音、快手账号，并通过在这些账号上发布各类视频进行引流和营销。很多旅游景区由此成了“网红”旅游地，吸引众多年轻人前往。同时，不少旅行社也选择了类似形式进行营销，将人物故事和旅行地相结合，更好地树立了品牌形象，带给客户新的价值主张。

同样利用抖音短视频进行商业模式创新的，还有中国联通这样的通信行业巨头。作为传统国企，中国联通过去向客户呈现的是严谨甚至略显无趣的企业形象，除了通信服务本身，其并没有给客户提供超出期待的附加价值。但利用移动互联网的短视频平台，中国联通以各种紧跟时事热点的段子视频和呈现客服年轻活力的舞蹈视频，向客户传播了新鲜有趣的内容。

重要的是，中国联通通过与抖音平台的合作，既提升了自身品牌形象的价值，也提升了抖音平台热门内容的价值。一方面，中国联通选择的段子、舞蹈等内容，都已在抖音平台上有所传播、自带热度，中国联通客服参与同款舞蹈的拍摄，更容易引发讨论和模仿，使抖音平台获益。另一方面，中国联通开通企业官方账号，加上客服跳舞时统一穿着工作制服，使其视频在一众类似视频中获得更多关注，并带给企业较大的流量收益。

互联网商业模式创新，即利用互联网平等、开放、协作、分享的特性，对企业的价值链角色加以更新，从而带动整个价值链的创新。

【模式关键】

目前，常见的互联网商业模式创新如下。

1. 社群化商业模式创新

互联网的发展，让人们寻找和加入心仪社群的成本大大降低，这也意味着原本分散的价值需求能集中到同一个平台中，形成充足的集体需求。因此，企业可以考虑利用互联网社交工具，集结社群，传播带有社交属性、工具属性的核心内容，以重塑价值链。

2. 长尾化商业模式创新

长尾化，是指企业从原本针对大多数客户销售大量普通产品，到面向不同的小群体客户销售少量产品。尽管后者只产生较少的销售量，但其利润总额能超过传统模式下的利润总额。

长尾化商业模式创新的难处在于如何搜集和整理不同小群体客户的独

特需求。在传统商业模式下，这一过程需要耗费较大的调研成本，但利用网络信息平台，企业可以通过关键字优化、针对性推送、大数据分析等方式，将相关成本降低，最终实现根据客户需要组织生产营销，而不是企业生产什么就销售什么。

3. 跨界商业模式创新

互联网商业模式创新的特性在于用社会信息传播体系中的高效手段，取代原有落后低效的手段。这种更替并不限于行业垂直体系内，而是随时随地出现在任何渠道中。通过跨界手段，企业可完成价值链核心要素的组织重构，并提升整体效率。因此，企业要懂得借助互联网的传播功能，吸收所在价值链内不同合作者的竞争优势，以抢占跨界商业模式创新的先机。

3.3.5　积极借助资本的力量

商业模式成功与否的评价标准是其为企业带来价值的高低。对商业模式创新效果的评价，则取决于企业在创新后是获得了价值的增长，还是没有获得价值的增长，甚至所获得的价值有所减少。优秀的商业模式能展现出事半功倍的特性，即投入少、运营成本低、为企业带来较高收入。为此，企业进行商业模式创新时，应积极借助资本的力量。

【案例拆解】

企业想要构建成熟的商业模式，理应借助资本的力量发挥自身优势。企业可利用自身优势吸引资本，在多方的积极互动中，将企业迅速做大。

2009 年，上海交通大学的张旭豪、康嘉等人创办了网络订餐平台“饿了么”。在此之前，他们的学长范晔已创立了一家网络订餐平台“小叶子”，并已初具规模。然而，两者的发展结果截然不同。

“饿了么”上线后，首先提出“C2C订单”概念，既重视服务订餐用户，也重视服务餐厅经营者，推动了整个区域内餐饮行业的数字化转型。“饿了么”采用定额服务费模式，不参与配送，只提供订单，每月收取定额服务费。这一商业模式避免了很多问题，呈现出持续实现盈利的趋向，引起了风投资本关注。2011年，“饿了么”获得金沙江创投的A轮融资，2013年获得经纬中国的B轮融资，随后又获得红杉资本2 500万美元的C轮融资、大众点评网领投的8 000万美元融资，“饿了么”由此不断成长。

“饿了么”利用投资方带来的渠道，开发出新的营销管道，纳入了各环节中不同合作主体的价值，再加上资本的力量，进一步增强了自身对网络订餐商业模式的创新动力。

企业进行商业模式创新，应充分尊重资本市场的规律，整合投资人、供应商、渠道商等资源，对其进行有效沟通、协调。

在商业模式创新视角下，引入资本，不应只是企业自身的行为，而应是价值链上共同利益体达成共识后采取的行为。共同利益体包括企业的核心员工、企业的合作伙伴，甚至包括企业的普通员工。因此，企业的融资行为，不仅要结合商业模式的优化、商业战略的规划，还要确保资本能发挥出积极作用，即建立起与新商业模式相适应的企业文化，以适当的激励措施，确保新商业模式能发挥作用。

【模式关键】

对大多数普通企业而言，借助资本的力量进行商业模式创新，需要考虑到自身所处阶段的特点。

创业初期，企业可以利用自有资金打造商业模式，而当企业发展到一定规模，并通过商业模式表现出价值潜力时，可以选择在创业板、中小企业板等上市融资，借助公共资本的力量进行商业模式的创新。同时，风险投资在商业模式创新过程中也有重要作用，这是因为创业型企业往往难以利用常规方式来预测自身价值，也难以利用常规方式获得融资（例如银行贷款）。在这种情况下，风险投资对商业模式创新非常重要。

在移动互联网时代，引入和运用资本的力量，对商业模式的创新有重要意义。例如，企业将业务从线下转到线上，远非开设几个网站、联系几家运输物流合作商那么简单，商业模式整体需要发生重大改变，其背后的资本结构也需要有所创新。更重要的是，商业模式创新不只是技术、生产、营销等单方面的创新，还需要企业和整个市场中所有相关合作者加强联系，而联系的纽带则是共同投资。企业借助资本的力量，可将商业模式创新转变为各方可接受、可传递的市场价值。

第 4 章
不能不懂的商业模式

在不同行业中，商业模式的内容、特点是不同的。研究商业模式的重构，离不开对常见商业模式的深入分析。

4.1 什么才是好的商业模式

许多大企业之所以在辉煌后走向失败，是因为其将商业模式当成了取胜秘诀，将某一时间段取得的成功当成永恒的成功。于是，商业模式稳定不变最终变成了企业共识。然而这种共识并不符合商业运作的规律，实际上商业模式是变化的。只有变化，其才能始终符合时代趋势，才能助力企业不断满足客户需求。

4.1.1 符合时代趋势、助力企业满足客户需求的商业模式才是好的商业模式

什么才是好的商业模式?

在数字化信息时代，数据成为企业的重要资源，产品、客户、供应链、营销渠道等诸多商业竞争的基本概念被重构。企业不仅要追求好的产品，还要努力塑造好的商业模式，以在新环境中实现可持续发展。为此，企业应该重新审视好的商业模式的判断标准。

符合时代趋势，助力企业有效应用数据资源的商业模式，才是好的商业模式。

数字化革命推动一批互联网企业崛起，不愿追随这一趋势的传统企业很容易陷入困境。不明就里者往往认定是新兴的电子商务冲击了传统商业，但其未曾察觉旧经验实际上已无法适应全新的时代。具备规模大、标准化等特点的传统商业模式的竞争力逐渐减弱，取而代之的是个性化、智能化、数据化、去中心化的新商业模式。从以渠道为主导到以数据为主

导，变革是曾经的行业巨头也无法改变的趋势。

实际上，我国拥有广阔的互联网市场，数字化变革是时代背景，数据的占有与应用是时代的要求。传统企业若要顺应时代趋势，建立新的商业模式，就要探索大数据、云计算等信息技术，积累并运用数据资源，寻求与互联网企业、物流企业的合作，为终端客户提供参与品牌建设的渠道，充分利用线上渠道吸引合作者和客户的注意。

助力企业满足客户需求，是好商业模式的另一核心。

企业领导者在时代的变革中，既要有创新的勇气，又要有洞察事物本质的耐心。一切能为社会群体带来便捷、优质体验的商业模式，都可能会成为主流商业模式。可以说，正是客户需求而非其他因素，在推动着商业模式的创新。

企业商业模式创新的目标，就是找到和维系客户，满足客户的需求并获得利润。

企业应以提升客户的获得感、满足客户的个性化需求，作为数字化营销的重点。为此，企业应在新商业模式中强调客户的作用，重视他们的评价，以打破传统商业模式下企业与客户、企业与企业之间的信息壁垒，从向外界单方面进行信息灌输，转变为与外界进行平等的沟通对话。

【案例拆解】

为什么阿里巴巴能顺应时代潮流，把握商业模式的竞争规则？满足客户需求，是其制胜法宝。

2018 年，当零售行业将阿里巴巴的“五个新”奉为圭臬时，阿里巴巴旗下具有“新制造”思维的淘工厂已上线近 3 年时间。企业如何占有并有效应用数据，建立新的商业模式？淘工厂给出了答案。

首先是数据的积累。淘工厂为淘宝商家与生产厂家提供信息沟通渠道，将淘宝商家汇总的订单需求信息和生产厂家的生产能力信息通过平台公示，以实现双方按需选择。其次是数据的运用。淘工厂根据后台积累的历史数据，利用大数据分析技术，为生产企业合理匹配订单。

打破信息壁垒，共建共享商业模式，是数字化时代的发展趋势。淘工厂成功打通淘宝商家与生产厂家之间的数据连通渠道，精准匹配订单，减少资源浪费，凭借数据的积累与运用，从根本上改变了生产方式，数据资源的重要性可见一斑。

满足客户需求是“新零售”“新制造”的核心，是商业模式创新的动力与目的。阿里巴巴正是在变化的趋势中认清了这一本质，并率先进行了尝试。实际上，无论是企业用户还是个人消费者，他们的需求就是商业模式创新的动力，满足他们的需求是好商业模式的本质特征。

为降低生产厂家的物流成本、缩短消费者的收货时间、提升消费者的购物体验，2019 年，阿里巴巴旗下的菜鸟智能供应链为淘工厂上的生产厂家提供供应链服务，通过在中山、义乌等产业聚集的区域设立产地仓，与快递中心协同，实现了 80% 的隔日送达率。

除此之外，菜鸟智能供应链结合平台大数据分析，为入驻菜鸟产地仓的生产厂家提供精准的生产、备货预测服务，有效减少了生产厂家因经验主义和盲目生产产生的滞销和断货问题。

淘工厂和菜鸟智能供应链，是商业模式创新的两大成功案例。它们的成功说明，想要建立符合时代趋势、助力企业满足客户需求的商业模式，企业就应有效积累并高效运用数据资源，满足客户群体的需求，解决其痛点。

【模式关键】

淘工厂打破了线上淘宝商家与线下生产厂家的信息壁垒，实现了产品的按需定制。菜鸟智能供应链不仅能提高物流效率，还能聚合物流数据信息。它们都通过大数据技术为厂家提供生产指导，以满足客户的个性化需求，有效提升其消费体验。在改变了许多厂家商业模式的同时，淘工厂也改变了阿里巴巴的商业模式。

数字化时代下，企业要做好商业模式创新，应注意以下要点。

1. 客户需求导向

将客户需求作为商业模式创新的战略起点。任何环节的创新，都应围绕客户痛点提供解决方案，积累并应用平台数据。这一过程的目标是满足客户需求，而不是简单地把产品或服务卖出去。

2. 数据化

明确数据是企业发展的基础。数据分析在产业链中的作用愈发凸显，商品数据化和人的数据化是物联网发展的前提，供给侧的数据化以及生产的智能化是大势所趋。如果企业不掌握获得、分析和应用数据的能力或资源，就很难建立起好的商业模式。

3. 横向资源对接

在科技高速发展、行业不断融合、资本力量高度渗透的环境中，商业模式的规划方法和成长模式，已呈现出全新变化。

在传统商业时代，商业模式大都来自产业内部纵向供应链的设计，其主要逻辑是将每个产业看成封闭的、内在的运行系统。在新商业时代，信息技术让越来越多的行业发生联系。

好的商业模式不只是建立在对纵向价值链和供应链的观察、分析和整合上，企业还必须关注各类横向社会要素的资源整合。这不仅是企业或商业发展的必然要求，还是整个社会一体化的必然要求。

4.1.2 选对人、做对事是好商业模式成功的前提

每个企业都希望找到成功的商业模式，但并没有一套所有企业通用的商业模式。完全相同的商业模式应用于不同企业，也很可能发挥完全不一样的作用。

企业必须选对人、做对事，这才是好商业模式成功的前提。

【案例拆解】

对于创业者而言，药物研发并不是一个能轻松获得高回报的项目。这一项目成功率低、投资大、回报周期长，其商业模式也很难实现互联网化。面对这些困难，药明康德却走出了新的路，并取得了良好的回报。2021 年 8 月，这家上市公司的中期业绩报告显示，其营业收入达到 105.37 亿元，同比增长 45.7%，为股东带来净利润 26.75 亿元，同比增长 55.8%。

药明康德证明了其崭新商业模式的成功。其通过医药外包（CXO）的商业模式，为做创新药的企业提供研发外包服务。外包服务包括两种：按照研发项目进度阶段性收费，派遣实验人员并根据劳动时间收费。药明康德除了收取劳务费用外，还主动开发合作者的价值，即与合作者共同投资、共担风险、共享利润。例如，名为凯莉朵丝（Calidus）的美国新药研发公司，是一家只有两名正式员工的初创企业，但在药明康德的协助下，其罕见病药物研发项目获得成功。最终，这家初创企业被一家大企业以 1.3 亿美元的价格收购。

药明康德的成功源于选择了正确的商业模式，但这些又离不开企业选对人、做对事。

李革是药明康德的创始人，他非常看重企业控制权。通过不同的途径，他将企业股东会和董事会的控制权牢固掌握在自己手中。得益于稳定的控制权，药明康德制定了完善的人才激励机制。针对人才高学历、高技

术水平的特点，企业为他们提供了多岗轮动的工作机会，并提供了不同的发展机会，无论是在技术上还是管理上，员工都有上升途径。此外，该企业很早就引入股权激励机制，对员工进行不同层次的激励。

正确的商业模式和选对人、做对事，是药明康德蒸蒸日上的基础。企业不应完全依赖商业模式，而应将管理经营能力看作赋予商业模式价值的“软件”，再将商业模式看作增加企业利润的“硬件”。让两者充分配合，企业才会有源源不断的新收获。

【模式关键】

每个希望从创新中获益的企业，都应找到适合自己的商业模式，而非寄希望于脱离实际基础的盲目跟风。选对人、做对事是企业构建良好创新基础的好办法。

图 4.1-1 所示为企业选对人、做对事的内容。

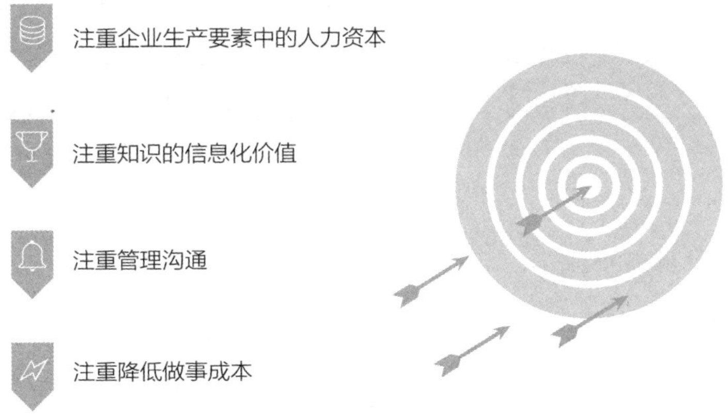

图 4.1-1　企业选对人、做对事的内容

注重企业生产要素中的人力资本，是选对人、做对事的整体原则。注重知识的信息化价值和注重管理沟通，影响企业能否选对人。注重降低做事成本则体现了企业做对事的意义。

1. 注重企业生产要素的人力资本

商业模式的创新体现在价值链的改变上。企业需要为此抛弃旧的生产要素，转而发展新的生产要素。其中，人力资本是新的生产要素的重要内容。

人力资本是企业内每个员工的工作能力和优秀品质的总和，包括员工个人技术特长、领导能力、管理能力、解决问题的能力、适应环境的能力、协作能力等。

2. 注重知识的信息化价值

企业应将提升竞争力的主要方向放在运用知识创造价值上。借助知识的信息化价值，企业可运用信息技术构建管理机制，加强动态化的交流和沟通，并始终拥有先进技术手段来支撑选人和做事。

3. 注重管理沟通

为适应新的商业模式，企业应共享信息、知识、经验，有效打破企业内部的组织界限。企业注重管理沟通，就能更好地在企业管理团队内部、管理团队和员工之间、员工与员工之间形成良好的共享氛围，这是选人和做事的前提。

4. 注重降低做事成本

互联网时代，随着信息传播和分享的成本降低，企业员工的思考方式也在迅速变化。企业理应适应这一变化，充分降低做事成本，确保带给客户更大利益。

在降低做事成本过程中，企业应侧重于对企业内部价值链的成本进行有效分析。企业可以采用框图的方式，对每个活动的成本加以评估与衡量。企业对供应商确定、产品设计、产品研发、生产流程、营销、售后服务等都要加以重视，以实现做对事的目标。

4.1.3　好的商业模式很简单

如何衡量和评价好的商业模式？不同的研究者有着各自的看法，但有一点是相同的，即好的商业模式很简单。

实际上，即便企业领导者费尽心力打造出一个复杂的商业模式，然后动用所有资源让其运转起来，也很难保证其能长期助力企业获得利润且不被后起之秀淘汰。简单的商业模式更容易吸引合作者和客户，也很容易带动价值链运转。

【案例拆解】

红星美凯龙的成功有目共睹，其商业模式的领先之处可总结为：一、二线城市自营，打造优质品牌；三、四线城市委托管理，获取回报。

红星美凯龙的自营商场，主要分布在一、二线城市，在其全国商场数量中占三分之一左右。而在三、四线城市，红星美凯龙开展了委托管理。之所以选择这一模式，是因为其拥有全国性的影响力，三、四线城市地方人民政府和开发商都欢迎其加入。利用这一优势，红星美凯龙在三、四线城市只提供品牌，并不出资拿地，还能收到委托运营的入场费、管理费等。随着品牌在三、四线城市的扩张，获得的利润越来越丰厚，红星美凯龙又利用现金参与资本运作，进一步获取收益。

要商业模式简单化，企业管理者应深入观察整个价值链。在深入观察后，企业才能剔除价值链上多余的元素，让商业模式变得简单明了。因此，无论采用何种商业模式，如果其中每项业务环节都需要满足三个以上的条件才能执行，这样的商业模式就很难称得上是简单的，其还有很大改善空间。

【模式关键】

图 4.1-2 所示为简单化商业模式的特点。

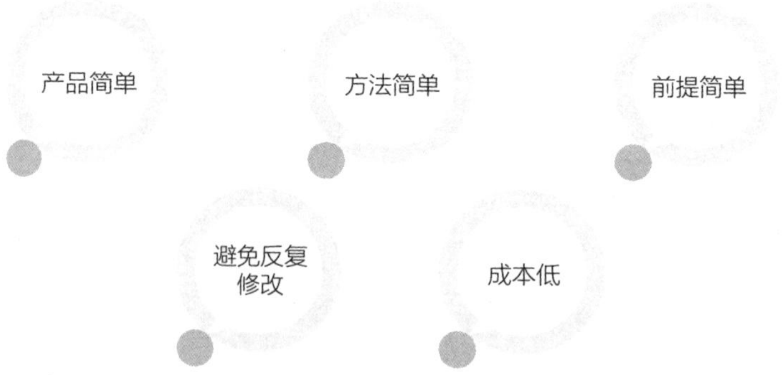

图 4.1-2　简单化商业模式的特点

1. 产品应简单

竞争过程中，很多企业习惯于让所生产产品的功能复杂化，试图以此获得市场和客户的重视。然而，很多客户并不喜欢这些盲目添加的功能，他们关注、需要的是产品的核心功能。

2. 方法简单

商业模式运行过程中，各环节操作方法越简单，企业内各级部门的执行效率越高。同时，简单的方法能伴随企业规模扩大而被持续复制推广。

3. 前提简单

商业模式每个环节的逻辑都应简单、合理。企业在设计商业模式时，需避免设置不符合常理、先入为主的前提。

4. 避免反复修改

企业的商业模式应避免反复修改，只有成熟的商业模式才能被大规模推广。

5. 成本低

需要花费高额成本来推行的商业模式，很难持续。一旦投入减少，就意味着商业模式为企业带来的利润会下滑甚至使企业亏损。

商业模式应秉持简单的原则。企业在对商业模式进行设计时，要对其构成要素仔细分解与辨别，确保其简明、清晰、高效。

4.2　常见的商业模式

从理论上看，商业模式构成要素之间的形态表现、相互关系和配置机制，有着无数种可能。本节将介绍常见的商业模式。

4.2.1　分拆型商业模式

分拆型商业模式，是指对企业的基础价值活动，进行科学分拆、剥离和外包，以此有效缩短企业价值链的模式。在分拆原有商业模式之后，企业保留最具优势的价值活动，并在此基础上，对价值链上各合作伙伴之间的关系进行有效整合，以形成高效的商业模式。

【案例拆解】

战略外包属于典型的分拆型商业模式。企业可以选择一个完整职能或完整职能中的某项活动，将之交给专业独立的合作企业完成。

麦当劳就选择了战略外包模式。该企业并未将物流业务分包给不同合作企业，而是长期外包给美国夏晖公司（以下简称“夏晖”）。麦当劳要求夏晖提供网络化的物流支持，这种支持需要物流网络覆盖整个国家或地区，能确保不同环节高效无缝对接。除此之外，麦当劳还希望夏晖能提供信息处理、存货控制、标签管理、质量控制等方面的服务。尽管这些服务看似是附加的，甚至可能会增加成本，但这些服务能帮助麦当劳建立更有优势的商业模式。

多年来，麦当劳和夏晖形成了紧密合作关系，在麦当劳的商业扩张轨迹中，总是有夏晖的身影。无论麦当劳在哪里开店，夏晖都会将其冷链配送体系建设到那里。正是凭借分拆型商业模式的优势，夏晖越来越专业，形成了独有的冷链物流配送方法，而麦当劳也利用其优势资源提升了服务质量。

【模式关键】

企业既要对商业模式进行延伸，也要对其进行分拆。通过商业模式延伸，企业能占据成本、服务范围和协作优势；通过商业模式分拆，企业则能拥有更强的运作弹性，充分利用自身资源和能力，在很大程度上提升商业模式的整体优势。

实际分拆商业模式时，企业必须善于应对复杂的局面。企业领导者应该谨慎地判断企业商业模式的各项价值活动中，哪些是具有优势的活动，哪些是优势不足的活动，哪些是具有劣势的活动。随后，将这些活动归类，将其中可以交给合作企业的活动分拆并外包。同时，企业还可以对自身认为重要的价值活动进行收回，重新将其纳入价值链，实现价值链的整合与优化。

4.2.2 长尾型商业模式

长尾型商业模式，又称为利基型商业模式。利基来自英文 Niche 的音译，其内涵是及时弥补、填充空白。在商业上，利基经常用来描述某个较小的市场或客户群体，符合其字面含义“获取利益的基础”。

在传统的商业模式中，企业只向大客户批量销售少数产品，利用规模效应来降低产品价格、形成优势。随着信息技术的不断发展，物流技术和供应链管理能力不断提升，越来越多的企业可以针对不同的利基市场，提供种类丰富、数量较少的产品，而取得的利润不亚于传统商业模式下企业能取得的利润。

对于这两种商业模式的差别，西方市场营销学家最先使用正态分布曲线加以描绘。

传统的商业模式中，企业更多关注市场需求曲线头部的需求，而处于市场需求曲线尾部的需求经常被商业模式的架构者忽略。例如，销售普通日用品时，采用传统商业模式的企业通常只关注重点客户，因为其消费能力强、消费量大，而常常忽略大多数普通客户。

在信息时代，企业调研、关注、评价数据的成本降低了，能利用很低的成本，对市场需求曲线尾部的需求加以了解，并建立专门的商业模式。正是通过长尾型商业模式，企业不断划分客户群体，从大市场中甄选出细分市场，再将资源和能力集中于这一目标市场，以形成产品和服务优势。

【案例拆解】

深圳华大基因股份有限公司（以下简称“华大基因”）的业务主要为利用基因检测手段，为客户提供基因组学领域的诊断研究服务。

基于信息网络，华大基因积极建立了长尾型商业模式。华大基因在已有业务模式基础上，积极打造多样化服务，扩充服务对象，面向小众群体提供服务以开发新的利润增长点。

例如，该企业通过健康服务平台，为客户提供浏览、采购等一条龙服务，加强和普通客户的联系，并为处于市场需求曲线尾部的客户提供个性化服务。

通过建立和运用长尾型商业模式，华大基因为特定群体客户服务，体现出与其他竞争者不同的客户价值主张，确立了其行业领先的地位。

华大基因能成功打造新的商业模式的原因如下。一方面，技术进步带来成本优势，包括互联网信息技术、基因测序等技术的成本下降，这是华大基因应用长尾型商业模式的必要条件。另一方面，华大基因主动打破了原有的业务模式，积极追求服务的针对性和多样性，并构建出新的价值链。

【模式关键】

长尾型商业模式成功的关键在于多样化、少量化。企业想通过长尾型商业模式取得成功，就需要强大的产品平台和少量的库存作为支撑，并且确保小客户群体能了解到企业所提供产品的信息。

在移动互联网时代，企业在利用长尾型商业模式实现价值的过程中，应集中关注以下三个方面。

第一，生产非主力型产品。企业想要实现自身的价值主张，就要生产面向不同人群的非主力型产品。这些产品应针对更加广泛而多元化的市场，并能和主力型产品共存。

第二，获取个性化核心资源。在移动互联网时代，企业想要建立长尾型商业模式，就应积极将自身平台作为核心资源来打造。这一过程中，企业不仅要关注平台，还要关注与之相关的软件和品牌资源等，确保能建立个性化平台，吸引垂直客户人群。

第三，建设高效信息渠道。信息渠道高效是成功推行长尾型商业模式的关键。为此，企业在建设信息渠道时，更应注重线上和线下的一致性，保证客户无论选择何种渠道，都能获得相同的价值或体验。

4.2.3　多边平台型商业模式

多边平台，是指集合两个或多个客户群体的业务平台。这些客户群体存在明显区别，同时又相互依赖，由此得以在业务平台上共存。

在传统商业模式中，企业只需面对同一客户群体，可获得的利润也只来自这一群体。多边平台型商业模式下存在不同的客户群体，企业的利润也有不同来源。正因如此，建设了成熟的多边平台型商业模式后，企业的运营会更加稳定，会有更大的利润增长空间。

【案例拆解】

在移动互联网产业中，有大量多边平台型商业模式的成功案例，其中典型的是淘宝网。2003 年 5 月，淘宝网上线，并在 2008 年 7 月推出 B2C（企业对消费者的电子商务模式）业务。2011 年，淘宝网被拆分，并于次年将主营 B2C 业务的淘宝商城命名为天猫。天猫的商业模式属于典型的多边平台型商业模式。

在天猫的业务平台上，有多个模块。

第一，客户模块。对天猫商家而言，每一个消费者都有价值。而对于天猫平台而言，商家也是客户。这样，商家（客户）和消费者（客户的客户）就是相互依存并相互提供价值的。

第二，价值模块。天猫为商家提供了流量，降低了成本，提供了服务。同时，天猫也为消费者提供了良好而安全的购物环境。

第三，渠道模块。天猫扮演着同时向商家和消费者传递价值的渠道角色，而对价值的传递，也吸引了更多客户。这些客户的关注，支持着天猫提升渠道价值、发挥渠道作用。

第四，收入模块。天猫平台对不同商家采用不同的收费方式，推出广告、入驻、关键词搜索、推荐等收费服务。这些服务既促进了商家之间的良性竞争，也能为消费者营造良好的电商消费环境。

第五，价值链模块。天猫的价值链主要围绕整个平台同外界合作伙伴之间的关系建立。天猫的合作伙伴包括淘宝、支付宝、大型商家等，在这些合作伙伴的支持下，天猫得以降低风险、共享资源。

天猫通过多边平台型商业模式打造出强大的电商业务平台。天猫通过对平台的管理来提升服务水平，以使平台成为不同类型客户之间传递价值的重要枢纽，天猫也能从中获取利益。

【模式关键】

多边平台型商业模式并不复杂。在传统商业模式中，农贸市场就采用了这一商业模式。在互联网经济时代，多边平台型商业模式成功的关键在于让平台真正体现出应有的价值，即将不同客户群体有效集合起来并使其实现互动，进而创造价值。

在构建多边平台型商业模式时，企业需要注意控制运营成本。通常而言，企业可以通过向客户中的某个群体提供免费服务来吸引他们，然后依靠他们来吸引与之紧密联系的群体。对企业而言，最难以解决的问题是如何判断应该选择何种群体，并采用怎样的免费服务吸引他们。

为此，企业应该多询问自己以下问题。

能否为平台的供应方、消费方吸引不同数量的客户？

是供应方还是消费方对价格更加敏感？

如何通过补贴来吸引对价格敏感的客户？

平台是否能获得较高的收入，同时维持自身的收支平衡？

在清楚回答上述问题后，企业将有机会建立成熟的多边平台型商业模式，打造良好的平台生态。

4.2.4　免费型商业模式

“免费的并不总是好的”。但实践中，免费型商业模式长盛不衰。各种免费产品和服务颠覆了客户的既有观念，让他们有了全新的体验。对很多企业而言，免费型商业模式也是很好的营销模式。

尽管免费型商业模式借助了互联网经济才大行其道，但早在互联网出现前，免费型商业模式就发挥出独特作用。所谓免费型商业模式，即在某个市场内，企业持续提供免费产品或服务给庞大的客户群，再通过其他细分市场或渠道获利，以支撑这样的免费模式，并支撑企业的运营。

【案例拆解】

2005 年，奇虎 360 成立，主营免费网络安全服务。在奇虎 360 成立之前，绝大多数杀毒软件都是收费的；而其成立后，虽然全企业只有 20 多人，但凭借免费模式，在短短 7 年间，就一跃成为行业龙头，市场估值一度达到 2 000 亿元。

奇虎 360 是一家企业，企业的目的在于实现盈利。其之所以选择提供免费杀毒软件，是因为其希望通过这一方式吸引大量客户。当他们使用免费的杀毒软件时，可能会被奇虎 360 的浏览器、搜索引擎、软件管家等一系列服务吸引，通过这些渠道，奇虎 360 实现了盈利。

奇虎 360 商业模式的成功，主要凭借免费、颠覆、获利三大手段。其中，免费意味着打造流量的入口，颠覆意味着调整价值链的组织方式，获利是企业的最终目的。

【模式关键】

在互联网商业领域，很多产品都具有客户越多，成本越低的显著特点，同时信息传播的成本极低。这意味着企业如果希望得到更多客户，就可以选择提供产品给客户免费使用，让产品的影响力迅速扩大。因此，对于互联网企业而言，免费型商业模式甚至可以说是一种必然选择，即便企业不免费，其竞争者也迟早会选择这一商业模式。

免费型商业模式能维持下去的关键在于企业选择的获利方式。图 4.2-1 所示为免费型商业模式的获利方式。

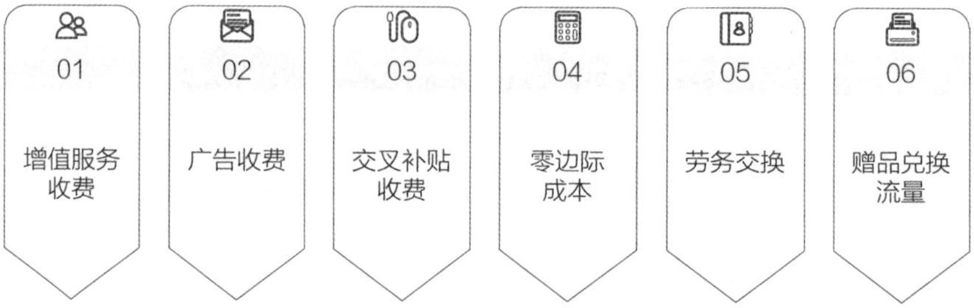

图 4.2-1　免费型商业模式的获利方式

在免费型商业模式下，对企业而言最重要的部分就是如何收费、如何获利。

第一，增值服务收费。企业可以选择只对少数重要客户提供高价值服务，并对这些服务收费，而对大部分基础客户提供免费服务。实际上，这些基础客户也可能成为企业面向重要客户的服务资源。

第二，广告收费。企业可以利用免费服务形式获取客户，再向他们推送广告，并向广告主收费。

第三，交叉补贴收费。企业提供看似免费的商品或服务，并引导客户为持续获得这一免费利益而购买捆绑式的补充产品或服务。

第四，零边际成本。利用互联网技术，企业可以将产品或服务中的大多数数字资源的边际成本降为零，再以免费形式提供给客户。

第五，劳务交换。企业也可以吸引客户参与整个业务链条的建设、运营，要求客户提供免费劳务以此获得免费的产品或服务。

第六，赠品兑换流量。企业可以针对不同客户定制不同的赠品，将其免费赠送给客户。通过赠送活动，企业的客户会不断增加，而客户流量能创造价值。

4.2.5 开放型商业模式

开放型商业模式来源于开放式创新概念。开放型商业模式下，企业通过开放创新的方式，创造并获取更大价值。企业通过创建开放型商业模式，能吸引大量外部资源流入企业，也能促进内部潜力的发挥。

【案例拆解】

2020 年 1 月 27 日，我国互联网企业字节跳动宣布，从当年 1 月 28 日到 5 月 1 日，向全社会免费提供“飞书”App 的远程办公、视频会议系统。这次开放的内容包括完整的办公平台、不限量的在线文档、审批管理系统等，任何有需要的个人、部门、组织和机构都能通过下载“飞书”App 使用相关服务。

通过开放“飞书”App，字节跳动不仅借助免费的产品搭建了营销渠道，还广泛汲取了客户在使用该 App 过程中提供的建议。围绕如何改进“飞书”App，字节跳动和外部伙伴展开了各类资源的共享和交换，而这正是开放型商业模式同免费型商业模式的重要区别。

【模式关键】

开放型商业模式，是指企业通过各类业务行为，跨越自身边界，与外部合作者进行资源的共享、交换、交易，并最终提升企业的价值创造和传播能力的模式。

在开放型商业模式中，外部合作者的定义非常广泛，并非仅指传统商业模式中的客户。主要的外部合作者包括供应商、合作厂商、投资者、科研机构等，也包括行业协会、政府部门等，甚至可能包括竞争对手。

所谓开放，是指将企业内部价值流程对外部合作者开放，以整合与创造更多价值，或将企业闲置的资源与外界共享，实现双方价值最大化。

在实际运用开放型商业模式的过程中，不同的企业可以选择不同的开放广度和深度。开放广度是指企业选择外部合作者的种类、数量，而开放深度则是指企业与外部合作者合作的范围大小、紧密程度、相关性及供应链契合度等。有些企业可以选择广度大而深度浅的模式，有些企业可以选择广度小但深度深的模式。企业应首先确定自身优势，并对自身控制价值链的能力进行评估，以确定适合自身的开放广度和深度。

现实中，企业建构的开放型商业模式，可以根据资源开放形态的不同加以分类。

第一类，吸纳式开放型商业模式。在这一模式下，企业通过外部力量，整合自身难以独自开发的资源，以提高运营效率。这类模式通常适合以轻资产运营为主或初创期的企业。

第二类，分享式开放型商业模式。在这一模式下，企业主动将内部资源面向外部合作者开放，实现营业收入或市场占有率的增加。选择分享式开放型商业模式的企业以平台经营类企业为主。

第三类，整合式开放型商业模式。这一模式将上述两类模式的优势加以整合，既强调企业和外部合作者的资源共享，又注重企业依靠外部合作者的资源来提升自身能力。

4.2.6 众筹型商业模式

众筹型商业模式，即建立在大众筹资基础上的商业模式。这一商业模式的特点在于投资门槛低、投资主体多样、依靠潜在客户的力量。

众筹型商业模式通常具有三大要素，分别是发起者、支持者和平台。其中，发起者是指拥有一定业务资源、能满足特定价值主张但缺乏资金的人。支持者是指对发起者的项目感兴趣并有能力和意愿投资的人。平台是指能有效连接发起者和支持者的渠道。

与其他商业模式一样，众筹型商业模式的核心在于创造、匹配并传播价值。首先，发起者应对如何创造价值进行识别。在此基础上，进一步划分客户的价值需求。其次，发起者需要打造或者寻求合适的众筹平台，围绕自身已有的核心能力、关键资源开展营销。例如，发起者可以将自身背景、能力和商业计划等作为业务内容进行宣传，同时将其他非核心的业务外包给合作者，实现价值的互补，形成以众筹平台为核心的价值网络。最后，当支持者汇聚在平台时，平台即可连接二者，从中取得收益，并合理分配收益给所有支持者。

【案例拆解】

2015 年 7 月，小米有品众筹平台上线。截至 2020 年年底，这一平台总共发起 655 项众筹活动，参与者达到 274 万名，筹资额度达到 30 多亿元。几乎每个众筹项目都获得了良好甚至超预期的收益。

小米有品众筹平台上线后，其平台流量并非最大。但这一平台着眼于客户精准性，强调建立平台、支持者和发起者之间的信任关系，创造出众筹型商业模式的成功案例。例如，2017 年，众筹项目“云米智能即热饮水吧”中的饮水机在短短 4 天内售出 8 000 多台，众筹金额达 400 万元，超出所有相关主体的预期。

在完善的众筹型商业模式中，企业需要严格遵循流程。图 4.2-2 所示为众筹型商业模式的流程。

步骤一
发起人确定项目，进行分析

步骤二
发起者利用图文、视频等元素，展示众筹项目

步骤三
发起者确认所需投资额，设定合理的投资回报

步骤四
发起者选择良好的众筹平台，确保其专业度和人气

步骤五
发起者根据众筹结果，在约定时间向支持者支付投资回报

图 4.2-2　众筹型商业模式的流程

在众筹型商业模式中，项目的支持者除了能带给发起者资金外，还可能带来其他资源，例如宣传资源、营销资源等。因此，发起者应充分发掘平台和支持者的价值，将之融入整个项目中。

【模式关键】

众筹通常有以下模式，企业应根据需要加以选择。

第一，捐赠式众筹。支持者对商业项目做出无偿捐赠，通常不要求回报或要求给予象征性的回报。

第二，回报式众筹。支持者支持商业项目后，能获得对应的产品或服务。

第三，股权式众筹。支持者在投资后，获得企业的股权，成为企业的股权持有者。

需要注意的是，如果商业项目在众筹完成后未能按原定方案完成目标，则发起者需要退还支持者的资金。

4.2.7 分化型商业模式

“成为第一”，不仅是企业奋斗的口号，还是企业不断追求的目标。如果企业的产品能在某个品类市场中成为第一，就能获得不小的市场份额。然而，并非每个企业都能成为其所在品类市场的第一，企业面对的市场越广阔，其需要具备的专业能力就越强。任何企业在激烈的竞争面前，只有在某一方面做到第一，其他优势才会随之形成。企业家必须清醒认识到这一点，适时推出分化型商业模式。

【案例拆解】

作为国内知名的地产企业，万科诞生时有着广阔的业务范围，包括商业地产、住宅地产和工业地产等。但当万科确定将市场扩大到全国以后，其业务分化落实到了住宅地产上。

分化型商业模式，是指企业对所拥有的业务进行及时的分解，将其中最具竞争力的业务作为主要业务的模式。企业必须找准业务中最具竞争力的部分，并将之作为主要业务，增强自身优势。企业还应及时明确市场发展方向，积极开发新产品，利用新产品打开新的市场。

【模式关键】

从商业模式运行的角度看，对市场的细分是分化型商业模式的重点。因此，无论面向的客户是个人还是企业，企业都应重点把握以下细分市场的选择标准。

1. 可量化性

企业应对某个细分市场的有关数据进行计量推算，以分析这一市场是否存在较大的细分空间。例如，面对广阔的汽车市场，分析哪些客户更注重价格，哪些客户更注重油耗，哪些客户更注重汽车外观等。只有借助数据，才能判断市场是否可以被分化。

2. 可建构性

可建构性是指企业能否在所选择的细分市场中，构建一个相对独立的商业模式。企业应综合自身的资源和市场环境因素，判断能否通过有效要素来建构新的商业模式。

3. 可盈利性

如果分化型商业模式缺乏盈利空间，则新的商业模式即便能成功建构，也缺乏应有的竞争力。为此，企业应着重考察对应的细分市场有多大的盈利空间，而不是泛泛地了解其客户群体具有的消费能力。

4. 可区分性

可区分性是指分化型商业模式所对应的市场，能否形成自身特性，以区别于其他市场。如果企业能清楚认识这些特性，再对市场加以区分，就能确保分化型商业模式具有针对性，以提高其运行效率。

4.2.8 计量收费型商业模式

计量收费型商业模式是指允许客户进行选择，根据实际需求来设定用量，再根据用量付费的模式。

【案例拆解】

美国的热布卡（Zipcar）公司是一家按时间收费的汽车租赁公司。该公司诞生之初主要提供租车业务，其内容和形式与普通租车业务并无差别，具体不同在于收费模式。在美国传统的租车公司中，租车者按天数付费。而热布卡公司仅对会员收取少量入会费，在租车过程中则按具体使用时间收费。这种计费方式允许客户自由确定用车时间，最短使用时间为 1 小时。由于不同的用车时间分别对应不同价格，对客户而言既方便又合理，因此热布卡公司迅速占领市场，成为美国业绩领先的分时租车公司。

类似的商业模式变革也发生在其他行业。例如，在云计算行业，很多公司采用了计量收费型商业模式，将计算资源设计为水电气那样的消耗品。终端客户在购买计算资源时，即可按量付费。例如，他们能通过租用虚拟机进行消费，虚拟机一旦开机，业务系统即开始计算使用时长，并最终按照使用时长来设置收费价格。计量收费型商业模式方便了很多客户。一些小的 IT 公司在创立之初，无法投入足够多的经费，使用这种方式，可大大降低创业成本。

设计计量收费型商业模式时，企业要将之与传统的按量销售模式加以区分。在传统商业模式中，企业会根据自身最佳业务规模，对产品（例如预先包装的食品）或者服务设置一定的单位，进行按量销售等。这种模式下，收费的标准实际上依然由企业决定，而不是由客户决定。但计量收费型商业模式侧重于让客户参与价格制定过程，使其得到新的体验和价值。

【模式关键】

在设计计量收费型商业模式时，企业应重视以下关键点，促使商业模式获得成功。

第一，设置最小计费单位，企业应考虑客户的使用情境，确保计费单位能与之高度契合。企业还应提升对应的技术能力，以合理设置计费标准。

第二，增加客户的消费频率。在计量收费型商业模式中，增加客户消费频率成为关键。企业应在管理好产品、客户的基础上，引导客户提高消费产品的频率，以实现增加利润的目的。

4.2.9 O2O 型商业模式

O2O（线上到线下）型商业模式，即线上、线下相互转化的商业模式。

【案例拆解】

四季青服装特色街区（以下简称“四季青”）是杭州重要的服装商贸集散地。在近 30 年的发展过程中，四季青始终处于行业前列，并形成以女装为主的产品系列。

在电子商务崛起后，四季青先后经历了 B2B（企业间电子商务）、C2C（消费者之间的电子商务）、与阿里巴巴合作、自创“摩街”App 等线上商业模式。为了适应这些模式，四季青对街区的实体商铺租赁价格加以限制，并进一步培养商户适应电子商务模式。加之四季青具备良好的货源渠道，由此形成了 O2O 型商业模式的“软”环境。

在“硬”环境上，四季青首先改变了仓储、物流方式等，主动对零售、仓储、运输等资源加以整合，形成了智能化的仓储、物流格局。在这一格局中，四季青积极利用互联网和大数据、物联网等信息技术，积极推动传统仓储、物流方式的转变，提高了配送效率。此外，四季青还专门建构了适应行业特点的金融、信用体系，对不同级别的商户、上游供应商、下游销售商，在支付宝等金融平台上进行关系整合，以建立彼此的对应关系，形成更为精准、科学的金融服务系统。

在上述环境中，四季青进一步升级，应用了全新的 O2O 型商业模式。其建立了电子商务平台，主要包括四季青官方网站、品牌联盟、电子商务分销网站、“摩街”App 等，帮助供应商在平台上免费进行服装产品的展示和更新，引导客户浏览、测试产品，在满意后再下订单。这样既能让供应商快速传递信息，减少库存，又能帮助后续交易的客户降低成本。同时，这也有效提升了平台在线下的人气，倒逼依然坚持自产自销的服装供应商进入平台，选择降低成本的商业模式。同时，四季青还积极下沉，在线下积极开设实体店，通过实体店进一步展示产品，以帮助当地商户掌握服装市场信息，确保当地商户批发下单、物流配送的便捷性，增强各地商户对四季青的依赖性。

在上述业务支撑下，四季青形成了实体、地产、电子商务三者融合的 O2O 型商业模式。

传统的商业模式变迁，是单纯地从线下向线上变迁的过程。但实践证明，很多行业具有独特性，并不适合将线下商业模式直接照搬到线上。企业需要转变传统电子商务商业模式的观念，避免将线上和线下模式完全对立，应着手解决其中的冲突。四季青在已有线上资源的基础上，自建 App，促成线上与线下的业务对接，实现了 O2O 型商业模式的全方位应用。

【模式关键】

O2O 型商业模式的发展体现了我国企业电子商务商业模式的发展。从实践来看，O2O 型商业模式的发展主要经历了以下三个阶段。

第一，初级阶段。在该阶段，企业将传统商业模式和电子商务进行简单结合，主要通过互联网进行简单的营销宣传。例如，通过互联网发布广告、开展营销等。这样，企业能够稳定原有客户，也能吸引新客户加入价值链。

初级阶段，企业与客户之间的关系简单。企业为了赢得流量，建立品牌，甚至会选择亏本开展营销。大多数企业并未在这一阶段长期获利。

第二，发展阶段。随着信息技术和社会经济的发展，一些企业开始扭亏为盈，建立起成熟的 O2O 型商业模式。这些企业能借助的电子商务平台越来越多，对线上、线下各种合作关系的管理也更加成熟。一些优秀的企业开始通过线上渠道，积累线下的大量忠实客户。

第三，进步阶段。这一阶段，市场开始引导企业对 O2O 型商业模式进行积极调整、补充。因此，O2O 型商业模式使企业形成了更精细的产品分类、更具针对性的服务。例如，一些大型超市整合了行业上下游资源，建立了强大的物流仓储部门，在很多城市开通线上下单、线下一小时送达的业务。这一业务提高了产品销量，减小了纯线上购物商业模式对传统超市的冲击，也减少了客户用于线下购物的时间、精力，给客户带来了更好的消费体验。

在不同阶段，O2O 型商业模式逐渐形成了同时改变传统线下商业模式和线上商业模式的能力，成为企业的重要优势。例如，O2O 型商业模式能链接线上、线下的大量商业资源，在这一模式下，企业、客户以及整个价值链上的所有合作伙伴都能互动，以加快经济发展。又如，O2O 型商业模式实际上还可以为线下企业提供精确的统计数据，帮助其通过线上营销提高客户的忠诚度，这是普通商业模式不具备的优势。

4.2.10 连锁加盟型商业模式

连锁加盟型商业模式，是指企业将自身设置为商业网络的核心，以自身核心竞争力为纽带，将其他直营或加盟的企业设置为商业网络的成员，以实现更大范围、更长时间的盈利。

连锁加盟型商业模式有着悠久的历史，在世界各地广泛传播，并有大量成功案例。

【案例拆解】

2015 年 8 月，沙县小吃正式宣布同泰国正大集团开展战略合作。根据规划，沙县小吃要在 5 年内新增 4 000 家小吃门店，并让小吃门店的业主入股，以实现每年 500 亿元的营业收入。

事实上，沙县小吃早已是我国餐饮行业的特色品牌，门店遍及全国。但其商业模式和普通的连锁加盟型商业模式不同。在沙县区人民政府看来，想要进一步将品牌做大做强，必须改变传统的自由加盟方式，转向整合门店资源、统一经营标准，实现真正的连锁。为此，沙县区人民政府做了大量工作，例如要求沙县小吃门店必须在集团授权下才能获得商标，必须付费加盟，但实际上，很多沙县小吃门店并没有获得商标使用授权，也没有在公司注册。几年过去后，沙县小吃旗下只拥有几十家连锁店，相比全国庞大的门店规模并不突出。

除了沙县小吃，我国餐饮行业的很多企业都希望建立连锁加盟型商业模式，但始终未能成功。对这些企业而言，要建立这一商业模式，还需不断努力。

沙县小吃的连锁加盟型商业模式之所以迟迟未能成功，很大程度上是因为其没有选择正确的形式。

连锁加盟型商业模式主要有以下三种形式。

第一，加盟企业参与供应、生产、销售等流程，但核心原料或生产设备来自核心企业。

第二，加盟企业从事生产、销售工作。

第三，加盟企业仅从事销售工作。

加盟企业与核心企业之间的关系有以下三种。

第一，加盟企业是核心企业的全资子公司。

第二，加盟企业与核心企业之间存在股权关系，核心企业可以利用各种方式，入股加盟企业。

第三，加盟企业与核心企业之间不存在股权关系，但加盟企业可以通过特许经营建立商业模式。

在成熟的连锁加盟型商业模式中，核心企业和加盟企业之间相互独立，核心企业并不对加盟企业的具体经营行为负责，但掌握战略管理权。核心企业需要管控加盟企业的业务经营范围、投资方向等，而加盟企业则应该按照战略指导内容，展示统一的形象，提供统一的产品、服务等，以确保经营的稳定性。

【模式关键】

在强调资源整合的时代，企业有必要通过主动整合行业资源来创新商业模式。连锁加盟经营就是典型的资源整合手段。同在餐饮行业，肯德基在美国的行业影响力某种程度上弱于麦当劳；但在我国，肯德基利用自己的品牌价值，建立了强大的加盟体系，实现了企业规模的扩大。

企业如果想要有效运行连锁加盟型商业模式，需要具备哪些条件呢？需具备的条件总结如下。

1. 商业模式基础

没有商业模式基础，就没有商业模式的成功创新。如果企业还没有建立有效运作的商业模式基础，就不宜以连锁加盟的形式进行扩张。

以餐饮行业为例，肯德基先有了成熟的商业模式，其作业流程、风险控制、人员管理、营销宣传等，全部经过实践检验证明是成功的以后，才开展了大规模的连锁加盟。

2. 良好的品牌基础

如果企业缺乏品牌意识，在品牌的管理、策划等方面没有优秀表现，其连锁加盟型商业模式的运行就很容易走偏。

3. 高效、成熟的运营模式

企业应将所有依赖“人”的因素流程化。例如，提升产品的可复制性，以确保产品的生产、制造和整个后续服务流程标准化，从而进一步形成高效、成熟的运营模式。

4. 强大的人才培养系统

要想成功运行连锁加盟型商业模式，企业应拥有强大的人才培养系统。在越来越多行业的竞争中，企业的实力不取决于产品和服务，而取决于人才。连锁加盟型商业模式的运行特性决定了人力资源在其中扮演着重要角色。以肯德基为例，从实习店员到正式店长，其中每个岗位、每个阶段都有规范的配套培训课程。企业只有拥有这样的人才培养系统，才能对加盟企业进行有效管理，才能服务、影响、引导这些加盟企业。

5. 较强的管控力度

一些企业虽然选择了连锁加盟型商业模式，但核心企业对其他企业的影响很小，除了忙于招商、收取加盟费用和提供原材料之外，几乎没有完整的战略规划。若缺乏从人力到财务、物流、产品、品牌等环节的全面控制，核心企业将难以真正服务于加盟企业，所谓连锁加盟仅仅成了一次性的收费方式，而不是商业模式。

真正的连锁加盟型商业模式下，核心企业有专业完整的管控系统，其中包括选址、培训、供应链维护、日常管理、风险控制等功能，核心企业具备有效帮助加盟企业的能力。

4.2.11　零库存型商业模式

零库存型商业模式的诞生可以追溯到 20 世纪六七十年代。零库存型商业模式来源于日本丰田汽车公司的精益管理方式。随后，越来越多的企业采用这一商业模式。

零库存，是指在企业生产、流通和销售等环节中，库存占用的资金为零。在实践中，零库存并不等于完全没有库存，而是通过不同的策略，实现库存量在每个时间节点上最小化。零库存型商业模式能有效推动企业内外信息的共享，减少物资和资金浪费。

【案例拆解】

多年来，美的名列我国空调产业前列，但其也面临着激烈的竞争压力。为此，美的从 2002 年开始全力打造零库存型商业模式。

在这一商业模式中，美的加强供应商库存管理。在供应链中，美的为核心企业，供应商则扮演成员，核心企业和成员共同追求及时供货，以建立零库存型商业模式。

当时，美的有三百多家稳定的供应商，其供应的零配件总共有三万多种。60% 左右的供应商到达美的总部顺德只用三天，而 15% 左右的供应商到达美的总部的路程较远。对于这些供应商，美的专门在总部顺德建立了仓储区域，要求其在这些仓储区域中租赁片区，并将零配件放置在片区。当美的需要使用某一零配件时，才会通知供应商，并进行付款、取货等。而在此之前产生的仓储成本均由供应商承担。

为加快供应流程，美的和供应商通过互联网建立了交货平台。供应商在自己的办公室里通过网页就能了解到美的的订单内容，包括品种、数量、型号、交货时间等。此前，供应商与美的进行采购交易时，需要签订很多协议，而在建立零库存型商业模式后，美的在每年年初就确定供应商，并与之签订协议，节省了大量时间和资源。

随着零库存型商业模式的全面建立，美的零配件的库存周转率提高，财务指标也表现良好，企业迸发出旺盛的生命力。

零库存型商业模式能提高企业使用资金的效率，有利于企业不断降低管理和库存成本。从内部控制角度分析，零库存型商业模式包含大量有效提高企业产品质量的举措，有助于企业提升产品质量、预防风险。

【模式关键】

零库存型商业模式成功运行的关键在于企业对库存的管理要做到精准、有力。企业管理库存的方式主要包括以下三种。

1. 不设置自有仓库

企业应和供应链上游企业签订合同，由供应商准时提供原材料等物资。企业无须设置自有仓库，不承担保存物资的成本。

2. 委托储存

企业可以委托第三方物流来储存原材料。企业也可以按照一定标准，向受托方支付一定费用，从而为打造零库存型商业模式打下基础。

3. 准时制生产

准时制生产（JIT），是指在需要时按需要的量生产产品。企业可以通过看板、按订单拉动生产等方式，在接到客户订单后才开始生产。由此，企业的仓储活动将按照客户的价值主张进行。

在建立零库存型商业模式时，企业应采用现代物流思想，形成供应链管理体系。只有重视和加强库存管理工作，减少物流成本，才能扩大企业的利润增长空间。

4.3 其他类型的商业模式

近年来，在常见商业模式的基础上，结合移动互联网技术和经济发展的方向，又出现了多种其他类型的商业模式。这些商业模式有着不同的主题，指引着企业变革的重点，也揭示了市场竞争态势的走向。

4.3.1 聚焦于利润区的商业模式

管理学家彼得·德鲁克说，企业管理者需要将不同资源从低利润区逐步转移到高利润区。为此，企业管理者必须不惜抛开过去才能创造未来。对今天的企业而言，新的商业模式有很多种，每一种商业模式都有必要聚焦于高利润区，以助力企业获得更高收益。

【案例拆解】

当我国成为汽车消费大国后，汽车产业的赚钱能力迅速提高。根据中国民生银行与德勤联合发布的《2012 汽车金融报告》，在汽车生产环节中，只创造了约 30% 的利润，而流通、售后服务环节却带来了约 70% 的利润。

例如，整个产业价值链中，汽车金融环节虽然相当“隐蔽”，但却是不折不扣的高利润区。在该环节内，许多企业都表现出竞争力不足的问题，能率先提升该环节竞争力的企业，就有可能吃到最大份的“蛋糕”。正因如此，美国福特汽车公司才积极调整自身商业模式，将资源集中在汽车金融上，其在该环节所获得的利润，一度占总利润的 15%。

分析高利润区时，企业应避免片面地认为高营业额、高毛利的区间就是高利润区。实际上，纵观大量产业的发展历史，高利润区多隐藏于低毛利区间。例如，曾经个人洗漱用品、餐巾纸等品类都属于低毛利区间，但随着时代发展和产业结构的变化，有企业围绕低毛利区间建立新商业模式，并挖掘出其中隐藏的高利润区。

【模式关键】

找到高利润区再顺势而为，企业才能实现商业模式创新。企业寻找高利润区时，可参考以下方法。

1. 寻找产业价值链的薄弱区间

企业应将产业价值链划分为不同区间，对薄弱区间进行重点分析，发现其中隐藏的高利润区。这样，企业才能在竞争尚不激烈时，以较少投入抢占高利润区并建构商业模式。

2. 寻找“微笑曲线”的两端

“微笑曲线”用来描述同一行业不同环节的利润对比关系，包括研发、加工制造、销售、服务等环节，这些环节的利润呈现为由高到低再到高的情况。其中，加工制造环节处于曲线的底部，而距离该位置越远，对应环节的利润越高。因此，企业想要找到高利润区，要么掌握高技术研发能力，要么提供高附加值的服务。

3. 寻找行业边界高利润区

企业也可以寻找行业之间的空白市场，打破思维定式，寻找行业边界的高利润区。这既考验企业的勇气，也考验其实力。

在建立新商业模式的过程中，企业只有把握好利润重点，才能找到通向高利润区的路径。

4.3.2 聚焦于需求的商业模式

没有客户，就没有商业，更谈不上商业模式。从企业发展、业务运营角度看，企业重塑商业模式，是为了实现自身利润持续增长，获得竞争优势，而这应该从聚焦客户需求开始。

【案例拆解】

在各企业创新商业模式的过程中，“无边界”成为重要概念。所谓无边界的商业模式，就是突破客户的需求边界，将边界延伸到行业、产业。

例如，网约车突破出租车的行业边界，为客户提供线上即时匹配并对接线下出行的服务，其并没有重塑客户的需求，而是重塑了客户的需求边界。客户不需要再将出行的需求限制在线下，而是可以借助相关App轻松满足出行需求。同样，保险公司为客户提供的保险不再是笼统的保障产品，而是融合了理财、社交、咨询等需求的整体解决方案。

新商业模式以满足客户多重需求为目的，聚焦于客户的本质需求，对企业进行多角度的重新定义，同时重新定义了商业模式。

【模式关键】

随着时代变化，客户成为影响企业创新商业模式进程的核心力量，而不只影响商业模式运行的结果。企业想要成功应用聚焦于客户需求的商业模式，就需要重点关注以下三点。

1. 标准化基础上的个性化

一方面，客户并未忽略标准化的价值，因为标准化是满足客户需求的门槛，属于商业模式的及格线。如果企业的产品或服务连标准化都无法达到，产品质量参差不齐，那么无论商业模式设计得多精巧，都难以为继。例如很多“网红”餐饮店，在片刻的辉煌后纷纷黯然离场，原因就在于其产品没有实现标准化，质量低于市场平均水平。

与此同时，企业也不能仅满足于标准化。仅实现标准化的商业模式，忽略了客户对附加价值的需求，也忽略了企业长远竞争力的提升。企业需要在标准化基础上，提供个性化价值，确保客户的需求被充分发掘和满足。

2. 专业化服务

在连接企业与客户的价值链中，服务是常用于满足客户需求的手段。服务既要有精准目标，也要有具体内容。企业应围绕客户需求，不断提升服务质量，在服务上不断追求高标准，凸显自身特色，打造自身品牌。

3. 生态型商业模式

在生态型商业模式中，客户的需求容易被满足。这是因为客户的需求往往是多变、立体的，只依靠某一家企业，很难即时满足客户的需求。而当企业打造出生态型商业模式后，产品或服务就会更为多样，参与提供价值的企业也更多。相较于单一的产品型商业模式、平台型商业模式，生态型商业模式一旦建成，各利益合作方之间会出于获取竞争优势的目的，争先恐后地满足客户需求，最终受益的是搭建生态型商业模式的核心企业。

4.3.3　聚焦于新零售行业的商业模式

在新技术的大力支持下，越来越多的零售企业成为融合线上、线下的多渠道零售商。因此，单一渠道的零售商业模式在未来将逐步式微，取而代之的是多渠道甚至全渠道零售商业模式。

所谓全渠道，是指以移动互联网、电子商务等作为技术平台，对线上、线下等渠道加以融合，打破产品、服务、营销、财务、客户个人信息等方面的数据壁垒，从而为客户提供跨渠道的消费体验。

【案例拆解】

2020 年 12 月，银泰百货（以下简称“银泰”）CEO 陈晓东宣布，通过新零售商业模式，入驻银泰的美妆品牌创下单柜全国销量第一的优秀业绩。

在采用新零售商业模式后，银泰改变了客户线下购物的体验。过去，每到节假日促销，客户排队时长一般会超过 3 小时。而在引入 14 000 台云 POS 机后，一分钟不到就能完成一单交易。过去，客户必须要到银泰的门店，才能购买到产品；而在新零售商业模式下，银泰在线上开设店铺，客户下单后，由快递员提供线下配送服务，能实现在 10 公里范围内 2 小时送达，让客户足不出户完成消费。

新零售商业模式改变的不只是客户端，同时也改变着企业本身。银泰利用阿里云的技术设备，能根据客户在场内移动的轨迹、交易热度，对专柜布局、室内动线提出改进方案，乃至对专柜朝向、导购站位也能提出具体建议。此外，银泰的 4 700 个供应商、15 000 个柜台也全部实现了数字化。无论是产品滞销，还是“爆品”不足，系统都会及时提醒门店，系统还会结合社会新闻、天气变化等情况，预测下周产品销售情况，提醒门店尽快备货。

传统零售商业模式中，人员、资金、产品和技术，是企业掌握的核心资源。而在新零售商业模式中，支撑企业覆盖线上、线下市场的资源，还包括大数据分析能力、物联网连接能力和全渠道融合能力。大数据分析能力主要用于对销售网络中所有信息完成云计算基础上的分析。物联网连接能力用于对企业采购和销售的每个产品、每个流程加以连接。全渠道融合能力负责连接线上、线下渠道，确保从线上到线下的通畅性。

【模式关键】

新零售商业模式成功的关键在于企业以客户为中心，为客户创造价值，向其提供线上、线下一站式的消费体验。企业首先需要在组织结构上加以调整，形成扁平化组织，其次需要积极吸引先进人才和采用先进技术、鼓励创新，从而达到新零售商业模式的实际要求。

在具体的业务活动中，零售企业应注意以下事项。

1. 建立一站式业务平台

建立一站式业务平台，便于企业实现全渠道获客，并取得客户的信任，保证其信息安全。同时，一站式业务平台能将线下的业务上传到互联网平台，再反哺线下从而形成智能化设施。而线上的业务也能由此变得更为具体、真实、形象化。

2. 打造线上伙伴关系

企业应利用物联网实现物品的连接，利用云系统供应链，串联起供应商、经销商和分销商，形成利益共同体和商业生态圈。客户在该生态圈中，能够在线上或线下渠道有效进行订货、取货和退换货，不同渠道的客户能获得同样的消费体验。

3. 优化成本结构

在建立新零售商业模式时，企业应致力于数字化、信息化的技术更新，全力打造信息渠道管理系统，包括营销、商品、订单、渠道、库存、供应链、支付、客服等分支系统。这些系统只有各自完善，同时又能相互精准对接，才能为新零售商业模式提供完整的生态系统底层架构。

4.3.4 聚焦于业务特色拆分价值链的商业模式

在聚焦于业务特色拆分价值链的商业模式下，企业能根据不同的业务特色战略性地拆分价值链并将其垂直化。

聚焦于业务特色拆分价值链的商业模式指的是根据业务特色拆分企业价值链（企业活动中从上游到下游的一系列业务流程），专注于发展业务中最具特色部分的商业模式，如图 4.3-1 所示。

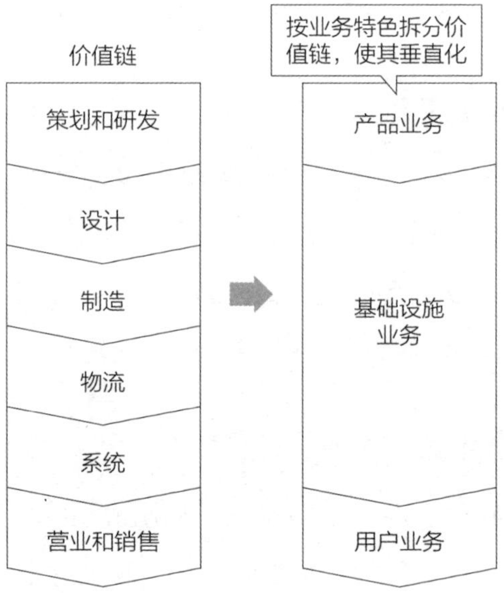

图 4.3-1 聚焦于业务特色拆分价值链的商业模式

聚焦于业务特色拆分价值链的商业模式一直都很盛行，企业实行这一模式的原因如下。国家政策放宽，竞争对手不断增加，企业需要切分不擅长的业务领域，外包没有盈利的业务等。

可以说，聚焦于业务特色拆分价值链的商业模式真正被战略性地应用，始于黑格尔三世和辛格提出“业务特色”这一关键词之时。

【案例拆解】

日本一直以来都是由各个区域的电力公司提供发电、供电、配电、电力零售等服务的，但在 2016 年，日本电力公司全面开放了电力零售业务，相当于对其子业务进行了拆分，让其各自发挥优势。在 2018—2020 年，日本电力公司还将发电和供电部门拆分为两家公司，实现发电和供电服务分离。

这样一来，业务拆分更加彻底，每个环节都可以由专业的公司负责，将原来被埋没的优势淋漓尽致地发挥出来。

【模式关键】

1. 用户业务、基础设施业务、产品业务

什么才是业务特色呢？业务特色体现在用户业务、基础设施业务及产品业务三方面。

用户业务，指的是找到基于用户需求的产品和服务，并且与用户实现连接的业务。基础设施业务，指的是管理支撑物流、生产、交易处理等业务运转的设备的业务。产品业务，指的是开发具有创新性的产品和服务的业务。

这三项业务的重点是不同的。例如，用户业务最重要的是做到让客户满意。基础设施业务最重要的是做到完全标准化。产品业务最重要的是建立能够启发员工好的创意思路，以及聚焦优秀人才的工作环境。由此可以看出，如果一个组织开展不同的业务，很容易出现业务之间产生矛盾以及业务效率低下的情况。

因此，将不同特色的业务分割到不同企业，可以让企业变得更强大。

2. 再次绑定

根据不同的业务特色将企业价值链进行拆分后，看似会形成多个小企

业，但每个小企业的业务特色、优势等变得清晰，反而推动了业务特色相同的企业整合（再次绑定）。例如，将专职于保险产品咨询的企业、专职于健康问题咨询的企业等整合起来，就相当于建立了一个大型咨询公司。因此，聚焦于业务特色拆分价值链的商业模式可以说是将上述形式再次绑定的商业模式。

4.3.5 聚焦于垂直整合的商业模式

聚焦于垂直整合的商业模式的特点是，企业以零售为主导进行产品企划、制造、销售，以便做到将更好的产品以更低的价格和更快的速度提供给客户。

聚焦于垂直整合的商业模式指的是零售企业整合从产品企划到销售的各个环节，在企业内部形成闭环，实现以更快的速度提供高性价比产品的商业模式。图 4.3-2 所示为服装行业商业模式的变化。

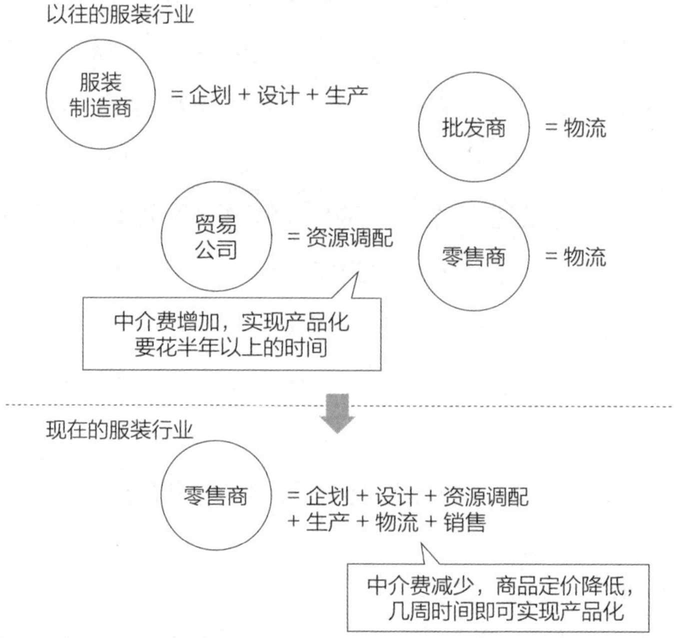

图 4.3-2　服装行业商业模式的变化

聚焦于垂直整合的商业模式主要应用在时尚行业。所谓的垂直整合，指的是由服装和时尚饰品零售商主导产品企划、设计、资源调配、生产、物流和销售等。从某种角度来看，这一商业模式是与聚焦于业务特色拆分价值链的商业模式相反的商业模式。

以往，时尚产业是由服装制造商负责企划、设计和生产，产品原材料等资源通过贸易公司调配，而物流则由批发商和零售商负责的完全水平式业务分工产业。

流行趋势变化快的时尚行业风险相对较大，因此既有的完全水平式业务分工的好处是可以分散经营风险，但同时也有从产品企划到产品进店的时间过长，很难捕捉流行趋势的问题。而最大的问题是每个阶段都会有中介费产生，致使产品价格变高。

这些问题会让客户产生“好产品少，高品质产品的价格高”的不满。

聚焦于垂直整合的商业模式得到了广大客户的支持，因为企业选择承担更大的风险而消除了客户的不满。

【案例拆解】

我国拥有世界上消费量最大的服装市场，海澜之家则是这个市场中走出的优秀品牌。2014 年，海澜之家借壳上市成功，市值 400 亿元。谁又能想到 1988 年，这家企业的前身，只是名不见经传的江阴市新桥第三毛纺厂？

海澜之家的成功，来源于聚焦垂直整合的商业模式。

在生产方面，这家企业强调共赢理念，整合了整个服装产业链的上、下游资源，以此压缩中间商参与的空间，确保低产品成本和高质量水平。企业还利用自身和国际品牌之间多年合作的经验与资源，从服装面料到生产工艺各个环节，均严格执行国际服装行业生产标准。更重要的是，海澜之家谈不上什么设计师、标签化、个性化，其产品追求满足消费者穿衣的本质需求，并不强调用外形设计来体现个人性格。

在渠道方面，海澜之家成了供应链的核心角色。其下游的专卖店采用品牌加盟形式。加盟者只承担场地、运营成本，未销售产品可以退货。而海澜之家也不向上游供应商支付全款，还要求供应商对退货负责。由于海澜之家庞大的采购量、对基本款产品的需求，供应商完全能接受类似条件。海澜之家采取了供应链各环节共同承担风险的新商业模式，避免了由供应链中某一环节单独承受风险。经过这样的整合，其不仅发现了更多商机，也提升了整体产业的绩效。

海澜之家专注于建立产业链战略联盟，形成统一的营销网络，从而更好地整合资源。从这个角度来看，它并不是一家靠销售服装壮大的企业，而是依靠强大的垂直整合能力，依靠商业模式的独特竞争价值壮大的企业。

海澜之家的垂直整合能力确保其产品、服务始终保持高新鲜度。这一点，除了聚集于垂直整合的商业模式以外，其他商业模式几乎无法实现。聚集于垂直整合的商业模式也被称为“快时尚”模式。

【模式关键】

1. 快时尚店成为购物中心主力店或次主力店

在我国，各快时尚品牌开店千余家。其上新速度快、平价、紧跟时尚潮流。得益于快时尚品牌的崛起，快时尚店逐渐成为购物中心主力店或次主力店。除此之外，快时尚店能够给购物中心带来较高的租金效益，一般情况下，快时尚店的租金模式为扣点模式。快时尚店还能够带来较大的客流量，推动购物中心的发展，成为购物中心重要的支持业态。

2. 快时尚店能够给购物中心带来高坪效

快时尚店不仅能作为购物中心主力店或次主力店，还能给购物中心带来高坪效。在某二线城市的核心商圈内，快时尚店给购物中心带来高达 5 000 元 / 平方米的坪效。

3. 产品多元化，开启全渠道营销模式

在零售行业，越来越多的快时尚品牌正在向服务品牌转变，希望借此成为消费者生活方式的“一站式”供应商。因为消费者已经不会简单地被品牌标志打动，他们注重产品的性价比、个性化与多元化。

此外，快时尚品牌除了自建网上销售平台外，也不断入驻各大电商平台，如天猫、京东等平台，积极拓展线上销售渠道。

第 5 章
商业模式的设计理念、八大核心与五个基础步骤

商业模式类型丰富，企业可以根据自身的情况做出选择。万变不离其宗，不管商业模式如何变化，其设计理念与核心是共通的。企业遵循商业模式的设计理念，抓住八大核心，就可以设计出较好的商业模式。

5.1 商业模式的设计理念

在大方向拟定方面，如果没有做到面面俱到就确定大方向，是没有任何意义的。因此，在设计商业模式之初，设计者应首先厘清商业模式中的关系。

5.1.1 商业模式的三大关系、四大价值

商业模式中的三大关系为股东关系、员工关系、客户关系，如图 5.1-1 所示。企业面临的问题是，通过何种渠道满足员工、客户、股东各自的核心诉求，并为三者都带来可持续发展的价值。

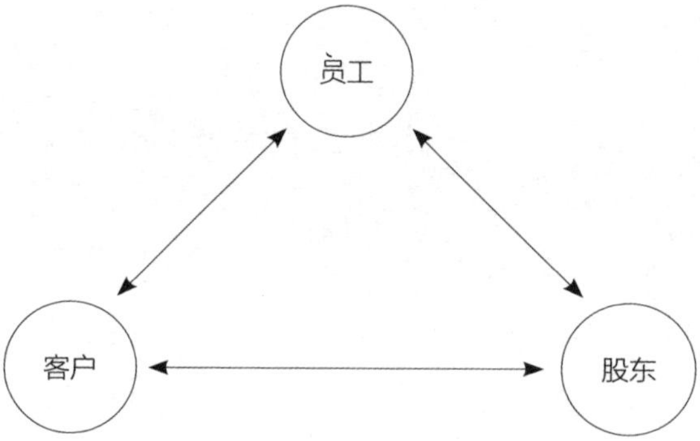

图 5.1-1　商业模式中的三大关系

员工、客户、股东都很关键，但哪一个最重要，应当实现谁的收益最大化呢？其实关于上述问题，立场不同，观点也就不同，只要商业模式合理，企业能够实现盈利，这个问题便会迎刃而解。

当然，这三者并非独立存在，而是互相关联的。例如，客户的满意可

以使得股东获取更多的收益、员工收获更高的薪资；员工的满意则可以提升服务质量，给客户带来更高品质的产品和服务，使得客户满意。因此，无论是哪一个主体的核心诉求得到了满足，都会带来其他主体的满意。

所以，创立商业模式时，不一定非要同时使得三者的核心诉求得到满足，企业可以通过自身的战略规划、优势资源调配，优先满足其中之一，而后逐步进行调整，促使商业模式整体合理。

【案例拆解】

百胜（中国）一年的营收超过 600 亿元，肯德基、必胜客等知名品牌均是其旗下品牌。在其商业模式中，对员工、客户、股东进行了优先级的划分——员工第一，客户第二，股东第三。

百胜（中国）认为：产品和服务都是标准化的，唯有员工无法做到统一，因此应以员工为本，把员工的利益和价值放在首位，让员工收获满意与成长，方可给客户带来更大的价值；员工和客户都满意了，股东所能得到的回报自然不用多虑。图 5.1-2 所示为百胜（中国）的三大关系金字塔。

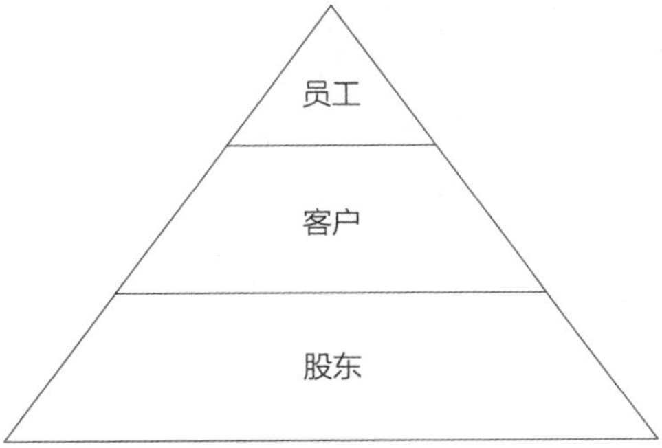

图 5.1-2　百胜（中国）的三大关系金字塔

百胜（中国）的 CEO 屈翠容曾经说：“我做过餐厅服务员，基层岗位员工所需要的东西，不是公司的战略和愿景，不是创始人画的饼，而是薪酬、福利、休息、稳定这些在领导者看来是细枝末节的东西。想要让员工满意，就得先用人性化的管理，让他们开心和自豪。”

在百胜（中国）旗下的餐饮品牌中，最重要的角色不是CEO，而是各个餐厅门店的经理，经理管理、照顾员工，员工照顾客户，以此为股东创造源源不断的收益。

百胜（中国）将员工视为推动商业模式走向正向循环的核心人物。

【模式关键】

1. 用团队保障员工关系

如果企业无法组建起一个有战斗力的团队，商业模式再好，也难以发挥效用。想要实现员工物质和精神上的满足，企业必须具备良好的团队管理流程、运营标准操作程序（SOP）及绩效考核方案，打造出优秀的团队，这样也能给员工带来更好的成长空间。

2. 用品牌保障客户关系

企业同客户之间的联系，被称为客户关系。如果在商业模式中，单单依靠员工维系客户，这样的商业模式是不稳定的。因为员工、客户、股东相互影响，如果员工不满造成服务质量低下，就容易影响客户的满意度。因此，客户关系管理要建立在品牌认知的基础上，很多客户消费时认定的是品牌价值，而非其他。

3. 用资本保障股东关系

股东作为投资者，投资的是企业领导者、企业，更是商业模式。而股东追求融资、并购、上市等，都是为了获取更多利益。因此，好的商业模式有利于企业运用资本，给股东带来稳定、丰厚的收入。

4. 实现“四大价值”

“四大价值”包括客户价值、股东价值、员工价值、社会价值。企业能够进行合理、精准的市场细分，找到目标客户群的需求，并且有针对性地为他们创造相应的价值，即实现了客户价值。客户价值的实现，会为企业带来收益，即实现了股东价值。股东价值实现之后，员工能够享受更好的福利待遇，即实现了员工价值。如果每一家企业都有合理的商业模式，实现了前述价值，最终创造的价值便可称为社会价值。

5.1.2　认清企业经营管理的五个层次

众所周知，个体的成长是分阶段的，其在每一个阶段都有不同的发展需求、发展重心。企业的发展也是如此。在不同的发展阶段，企业的发展需求和重心都应该根据实际情况进行调整。通常来说，可以将企业经营管理分为五个层次，如图 5.1-3 所示。

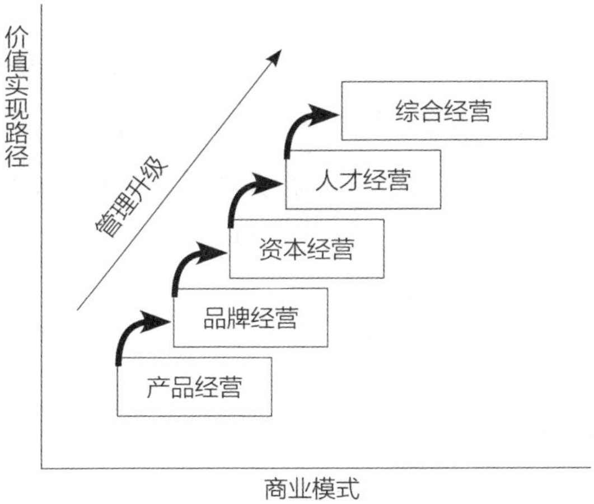

图 5.1-3　企业经营管理的五个层次

企业经营管理的五个层次为产品经营、品牌经营、资本经营、人才经营、综合经营。

产品经营可以说是最初级的企业经营管理活动，形式比较简单，是指企业把产品、服务的经营、销售作为主要业务，以赚取利润。处于这个层次的企业不管市场大小、利润多少，主要目的是生存下来。

品牌经营是建立在产品经营基础上的，以名称、标记、符号或设计为具象代表的经营管理方式。企业发展到一定的规模，会形成一定的品牌效应。品牌发展到较高层次时，会发挥出极大的作用，为企业发展带来正面影响。

资本经营又可以称为资本运作，指的是企业利用市场规则，实现价值、效益持续增长的一种经营管理方式。企业的资源是有限的，但资本创利是无限的。产品和品牌为企业创造的资本，企业如果能合理运用，就能够实现资本获益最大化。

人才经营发生在企业经营管理的较高水准阶段。这一阶段，不同企业在商业模式、生产、经营、管理等层面的差距往往不会过大，其竞争归根结底就是人才的竞争。但很多企业家都忽视了这一点。例如，汽车大亨福特曾言："我雇的明明只是一双手，为什么非要来一个人？"言语之中透露出他把员工当作单纯的机器，而忽视了员工所能创造的附加价值。

综合经营则发生在企业经营管理的最高水准阶段，即通过管理模式的不断升级，达到产品与服务的市场竞争力强、品牌口碑良好、资本运作持续创收、储备人才多的状态。能够达到这种状态的企业在各行业寥寥无几，但只要用心做到以下几点，任何企业都有机会达到这种状态。

【模式关键】

第一，进行产品经营时避免价格战。目前，社会已经从物质匮乏的阶段发展到物质极度丰富的阶段，多数产品都有许多替代品。这也导致了同质化竞争愈发激烈，很多商家大打价格战，使得自己的利润空间被无限压缩，最终倒闭。因此，进行产品经营时企业绝不能陷入价格战的恶性循环，而是要坚持"以客户为中心"的核心思想，把让客户满意设为企业经营的重要目标。找到目标客户群之后，不断针对其需求进行产品的升级，并努力提高产品的质量、性价比，这才是产品经营阶段的关键。

第二，利用品牌赢得消费者的信任。所有企业经营者都知道品牌的重要性，但大多数企业经营者对品牌的认识并不深刻，认为这只是个名称，只要花钱投放广告，就能拥有。实则不然，无意义的广告投放能增加品牌知名度，但这离树立品牌形象还很远，甚至企业经营者无法确保广告投放能产生正向的效果。树立良好的品牌形象，离不开文化内涵的持续输出，离不开不断地改进消费者对企业及其产品和服务的认知。

第三，形成标准，树立行业权威。企业如果只是随波逐流，最终只会成为跟风者，而非领跑者。企业唯有从生产制造、库存管理，到产品营销、市场开拓，再到品牌创建、人才管理、资本运作等各个阶段，不断发掘自身的优势，形成标准化的规则，甚至形成对手难以逾越的壁垒，方能树立行业权威。

第四，推广企业文化，获得客户长久的认同。仅销售产品和服务的企业只能得到客户短暂的认同，拥有良好企业文化的企业却能得到客户长久的认同。因此，企业不能只考虑销售产品和服务，而是要通过提炼、发掘客户需求，不断升级产品及服务，不断设计新的营销卖点，以及不断输出企业文化，来培养忠实的客户群体。比如，苹果手机的“果粉”、小米手机的“米粉”等。

5.1.3　准确定位，寻找行业及产业链的高利润区

现在已有不少企业家发现：企业的规模越大，市场投入越多，人力成本越高，固定资产投资的占比也会越大，现金流也就越少。这样的现象表面上看起来是企业越做越好，但实际上这加速了利润空间的缩小，让企业的路越走越窄。

面对这样的问题，企业应该如何重新定位，找到新的高利润区，建立

更加适合新时代、新背景的盈利模式呢？

面对上述问题，切勿焦虑和轻易决断，要先搞清楚什么是合理的盈利模式，企业的利润来源究竟有哪些。

企业的盈利模式如图 5.1-4 所示。盈利模式说得简单些，其实就是企业赚钱的渠道，也就是企业通过怎样的路径来赚钱。虽然每个行业、每家企业的盈利模式不尽相同，但整体上可以通过图 5.1-4 进行概述。

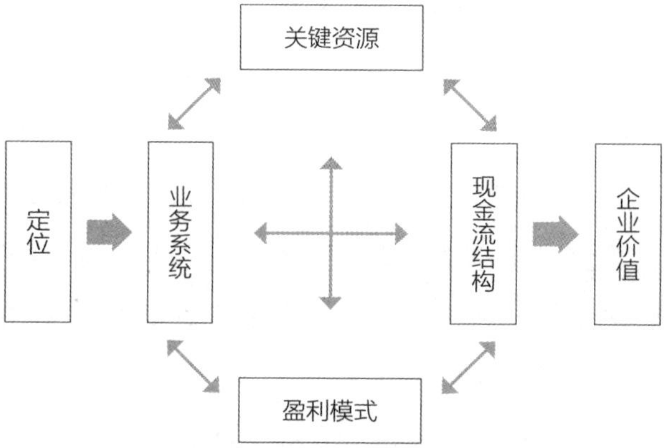

图 5.1-4　企业的盈利模式

首先，企业通过自身定位，找到适合自己的产品及业务系统，经由业务系统，形成合理的现金流结构。与此同时，企业通过不断发掘自身的关键资源（如供应链、生产、品牌、人才等），并提升获取关键资源的能力，优化业务系统，带来更多的现金流并形成更合理的现金流结构，从而实现企业价值的不断增长。这就是企业的盈利模式。

不同的企业有着不同的盈利模式，自然也有不同的高利润区以及调整方式，以下案例仅供参考。

【案例拆解】

美国药品经销商西维斯健康（CVS Health），就是因为找到了适合自己的盈利模式，方能在美国医药行业最艰难的时候走出困境。当时，美国的药品行业竞争异常激烈，行业的平均净利润率只有 1%，甚至很多企业都在亏损。一方面是由于同质化竞争过于严重，另一方面是由于人员及成本内耗过于严重。

此时，西维斯健康拒绝再打价格战，转变思想，对市场进行了深度调研。美国药品经销商的服务对象主要是医院，如果想获得更大的市场和更高的利润，就要想办法为医院解决问题。经过调研，西维斯健康了解到美国医院的服务过程中普遍存在以下问题。

问题 1：医院的药品销售没有库存管理体系，很多药品销售不完，最后过期，导致医院的损耗过高。

问题 2：药剂师、护士等服务型人员过少，导致其服务效率低下，难以顾及药品销售。

问题 3：医生写字非常潦草，使得医疗事故、用药事故不断，医院每年都要为此赔很多钱。

针对这三个问题，西维斯健康采取了以下手段。一方面，其为医院提供药房托管服务，与医院签订托管协议，为医院建立了完善的库存管理和调度系统。另一方面，其还为医院开发了自动分药系统，医生的处方开出之后，系统就会自动将药品与患者的姓名匹配，患者无须经过药剂师和护士的确认，就可以直接购买药品。这既省去了中间大量的人工服务流程和成本，也避免了用药事故。

如此这般，西维斯健康通过为医院提供整体解决方案，使得其与医院的合作从简单的交易关系，成功地发展为战略性伙伴关系，让医院能够节省成本的同时，也给自己带来更多、更稳定的收入和利润。在之后的 5 年间，西维斯健康的利润和销售额都同比增长 20% 以上，销售额最高达到 250 亿美元。

【模式关键】

西维斯健康的成功，能给正在寻求高利润区的诸多企业带来些许启发。

第一，企业应以系统的解决方案来实现盈利。客户购买产品，不单单是追求其使用价值，他们还有着更深层的需求，这也称为潜在需求。为此，企业在推动产品销售的同时，还应该为客户解决问题，提供更好的方案，进而获取溢价收入。这样，企业不仅可以巩固客户关系，还能开发更多的产品及业务线，完善自身的业务结构、利润结构，从而在各方面都能领先对手，形成差异化优势。

第二，要以后续的产品来实现盈利，不能只看眼前的利润。也许企业凭借销售当前的产品或服务是营利的，但没有企业能保证靠一款或几款产品或服务就能持续营利。所以，企业也要考虑应用前端让利、后端增收的模式，通过前端的优势产品或服务引流，再通过后端不断开发新的产品来实现盈利。例如，电视购物栏目能够帮助企业卖货和实现盈利，但随着互联网的不断发展，电视购物已逐渐被直播“带货”所取代，有先见之明的电视台早已开始用电视购物进行引导，让客户关注自己的公众号、抖音号等，再通过新的形式，引导客户在这些平台进行交易。

第三，没有永远的高利润区，企业要通过不断拓展新渠道来实现盈利。有效的营销模式不是等客户主动光顾，而是目标客户在哪里，企业就应该去哪里营销。也就是说，企业的营销渠道不应该是一成不变的，而是要围绕目标客户寻找利润最丰厚的环节和渠道。

5.1.4 寻求发展目标，看清竞争对手

一直以来，很多企业经营者都有一个错误的认知：在别人能赚钱的行业，我也能赚钱；在别人能赚钱的渠道，我也能赚钱。

为什么不同企业的寿命差距会如此之大？原因其实很简单：第一，寿

命较短的企业没有发展目标及阶段性规划；第二，其没有看清、认清自己的竞争对手，只是盲目效仿。

这两个问题会导致这些企业在管理经营、市场竞争的过程中，陷入以下几个泥潭。

泥潭 1：大打价格战。这些企业只关注在短期的竞争中，在某区域的市场取胜，利用价格优势击败对手（甚至很多没有这一优势的企业亏本打价格战），让整个行业的利益受损。例如在紫砂壶行业，成本几元的产品可以卖到几百元，行业整体利润非常高，但随着个别商家“9.9 元包邮”的口号扰乱市场，行业的产品和服务瞬间贬值。

泥潭 2：紧盯竞争对手。这些企业的市场人员往往不会研究客户和市场真正需要什么，而是只关注竞争对手做了什么，要么抄袭，要么做了很多无效的差异化动作，浪费了大量的时间和费用。

泥潭 3：只关注短期利益，急功近利。很多企业只在乎在某一阶段内是否能够实现盈利、是否能够占领市场，却不曾想过如何让整个产业链更有价值，如何延长行业的寿命。缺乏稳定、忠诚的客户，缺乏创新和创造力，行业内各企业不断内耗，这样的行业无法长久发展。

【模式关键】

第一，企业需转变营销思维，正确制定目标并找到正确的竞争对手。企业在定位阶段，就应该制定短期、中期、长期的战略目标，且目标是根据市场规模、客户需求、企业资源等条件综合制定的，企业不应将关注重点完全放在竞争对手上。企业应当把竞争对手看成合作伙伴，一起把行业做大做强，而非与竞争对手不断内耗。

第二，企业应提升服务价值，用服务来增强差异化优势。提升服务价值，是企业获得额外价值的主要途径。在产品同质化严重的当下，谁能给客户赋能，客户就会忠于谁。例如，海底捞正是以差异化的优质服务，获得了客户的认同，创造了良好的口碑及提升了知名度。

第三，企业要不忘初心，确保带给客户稳定的价值产出。为了获取更高的利润，贪功冒进的企业不在少数，其甚至背离了创立之初的目标。例如 2022 年“3・15”曝光的老坛酸菜事件，插旗菜业便是为了追求更低的成本、更高的短期利润，抛弃了口碑，让产品和市场多年积累的良好形象彻底崩坏。

5.1.5　深挖核心竞争力，发现价值要素

核心竞争力，简单来说就是能使企业在激烈的市场竞争中取胜，能够为客户带来特殊价值的、不可被轻易复制的独有技能、技术、环节。拥有核心竞争力的企业能够很好地实现客户所看重的价值，满足其基本需求，并且能降低经营成本（生产、包装、物流、管理等方面的成本），提高产品及服务的质量，提高市场营销、内部管理的效率，让自身获得竞争优势。

核心竞争力的一个重要特点是，其必须是某企业所特有的资源或优势，竞争对手难以模仿，具备一定的资源壁垒或技术壁垒。核心竞争力通常能够给企业带来超过市场平均水准的利润。例如，索尼公司的核心竞争力在于新材料、新技术，这可以使其产品比任天堂、微软等竞争对手的产品更轻，更便于携带；顺丰相较于其他快递公司，良好的后勤管理和丰富的线下实体资源就是其核心竞争力，这使其运输效率高于同行业的平均水平。

此外，企业的核心竞争力还具备一定的延展性，可以使企业不仅在现有的产品、服务乃至整个业务结构中占据优势，还能将这种优势延展到多个不同的业务线。例如，佳能具有光学镜片、成像方面的专利，其不单单可以用于相机产品，还能延展到激光打印机、扫描仪等多个领域的其他产品中，为企业创造更多的价值。

除了表现在技术、资金、资源等具象的方面之外，核心竞争力还可以表现在生产经营流程、营销结构和财务管理、人才培养等抽象的方面。

【模式关键】

既然企业的核心竞争力如此重要，那么企业该如何发现核心价值要素，并打造自身的核心竞争力呢?

1. 在渠道中找到价值要素

企业建立的多种销售渠道，共同构成了企业的营销模式。营销模式并不是一成不变的，而是随渠道的转移、优化、开拓而变化的。这种变化也许能使企业形成独特的竞争力，不断降低营销成本，为企业带来更大的效益。

2. 培养人才

人才是企业打造核心竞争力的基础。一方面，企业需要建立健全人才的招、管、育、培、汰体系，建立并运用合理的考核标准，促使员工在完成基础工作的同时，得到一定的发展和提升。另一方面，企业要提升自身的组织设计能力，合理优化调整企业整体、各业务及职能部门的组织架构，这也是企业增强核心竞争力的重要途径之一。

3. 通过品牌竞争力、服务竞争力，而非产品竞争力战胜对手

品牌竞争力在产品同质化严重的大背景下，已经逐渐成为企业的制胜方法之一。多数没有品牌竞争力的产品，不管有无技术壁垒，都很容易被抄袭或者被模仿。企业只有通过提供优质的服务，给客户带去更多的附加价值，长此以往，才能打造出品牌竞争力。品牌与服务双管齐下，将为企业创造更大的利润空间。

4. 勇于创新

如果说上述都是有形的竞争力，创新性的价值观则是一种无形的竞争力，这也是企业不断成长的内驱力。有创新观念、创新能力的企业可以保证自身在各个方面持续拥有竞争力。

5.2 商业模式设计的八大核心

商业模式不是凭空想象出来的，企业仅仅依靠经营者闭门造车，很难打造出适合自身、符合市场环境的商业模式。因此，商业模式设计者需要了解商业模式设计的八大核心，深刻洞察市场需求，并且能够充分把握市场中转瞬即逝的机会，对市场趋势做出精确的预判。

5.2.1 客户价值

在所有市场要素中，企业首先需要考虑的就是客户价值。客户价值最大化是设计商业模式的出发点，如图 5.2-1 所示。简单地说，客户价值最大化就是要让客户能够以较小的成本，获得同等或者更高的价值。客户觉得划算，即说明他们认同企业所提供的价值。

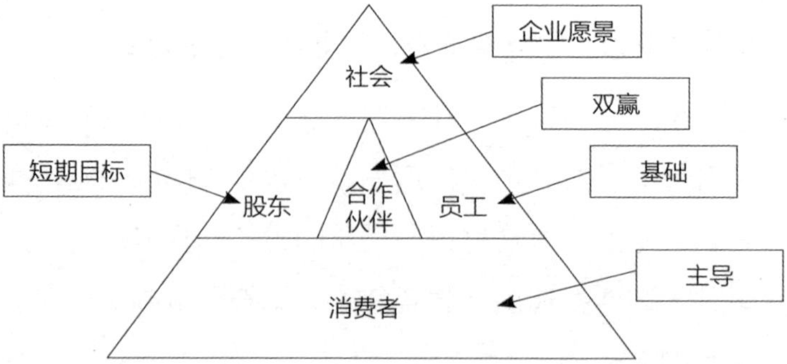

图 5.2-1 客户价值最大化是设计商业模式的出发点

商业模式能否持续助力企业实现盈利，与其能否实现客户价值最大化密不可分。很多企业家认为，给客户提供更多的价值，意味着更多的费用、人员工资、产品成本等，企业的利润势必遭到压缩。但实际上，如果完全不考虑提供给客户的价值，即使企业能够一时实现盈利，也很难长久。反之，能使客户价值最大化的企业，即便短时间内无法实现盈利，甚至亏损，也会得到诸多外部资本的青睐。投资人都是聪明的，他们知道这样的企业只是暂时无法实现盈利。

【案例拆解】

格兰仕是国内知名的家电品牌，其微波炉的市场占有率一直名列前茅。格兰仕成功除了因为其产品品质过硬之外，还因为其产品价格低。其低价并不是盲目地打价格战形成的，而是通过其独有的优势形成的，为其节约了大量成本。

格兰仕对渠道开拓、推广等方面的成本都进行了严格把控，所以相较于其他品牌来说，客户在电视、网络上看到格兰仕广告的概率并没有那么高。

与此同时，国内的家电企业为了提高知名度、终端的销售效率、售后服务效率等，会在全国各地设置自营店、加盟店、经销店。这些实体店占用了大量的人员工资、房租、水电费等成本，再度挤压了产品的利润空间。格兰仕借鉴西方国家的家电营销模式，轻资产、轻渠道运营，甚至在很多超市，格兰仕的微波炉是堆叠在一起的，没有单独陈列。

正因为如此，格兰仕节约了大量的成本，这些成本全部反映到产品的价格上，实现向客户让利。客户能以极低的价格买到优质的产品，并获得极高的价值，因此对品牌的认可度、忠诚度不断提升。

【模式关键】

要充分理解和做到客户价值最大化，必须了解这个概念的四层含义。

第一层，客户其实是一个广义的概念，不单单是指购买企业产品、服务的对象，而是包括消费者、股东、合作伙伴、员工和社会等对象。其中，消费者是主导，只有消费者的价值实现了，后四者的价值才能实现。

第二层，精准调研和定位市场，确定谁是企业产品及服务的直接消费者，并洞察消费者内心真实的需求，不断推陈出新，持续给予消费者更多的价值。

第三层，不断满足客户的需求，并能给予其超值的服务。客户的需求是会随着市场的变化而变化的，企业不仅要让产品跟上乃至超越这个变化，还要提供除产品之外的超值服务，让产品品质在不输于竞争对手的同时，价格更低、服务更好、品牌更有吸引力。

第四层，价值链上所有的下游都是上游的客户，让下游满足是上游工作的标准。

5.2.2 利益相关者

在互联网时代，没有企业能够做到与市场、客户、资本完全脱离。企业的利益相关者越来越多，组成越来越复杂。但是，这是一个极好的现象，因为参与交易、参与企业管理运营的利益相关者越多，企业的机会和利益增长点也会越多。

有的创始人不缺现金流，会在银行愿意给企业提供贷款的时候婉拒。但有的创始人会借助这笔资金跟银行建立联系——一旦银行借钱给企业，就会成为企业的利益相关者。企业如果因经营不善亏损倒闭，对于银行来说亦有损失，因此银行也会尽力为企业提供各类资源，助力企业发展。

利益相关者，就是指与企业生产、管理、经营行为和结果具有利害关系的群体或个人。一般来说，企业的利益相关者大致分为两种：内部利益相关者和外部利益相关者，如图 5.2-2 所示。内部利益相关者包括企业的管理层、普通员工；外部利益相关者则相对复杂，既包括给企业投资的股东、银行，也包括能从企业获取价值的消费者，还包括与企业合作的供应商等。

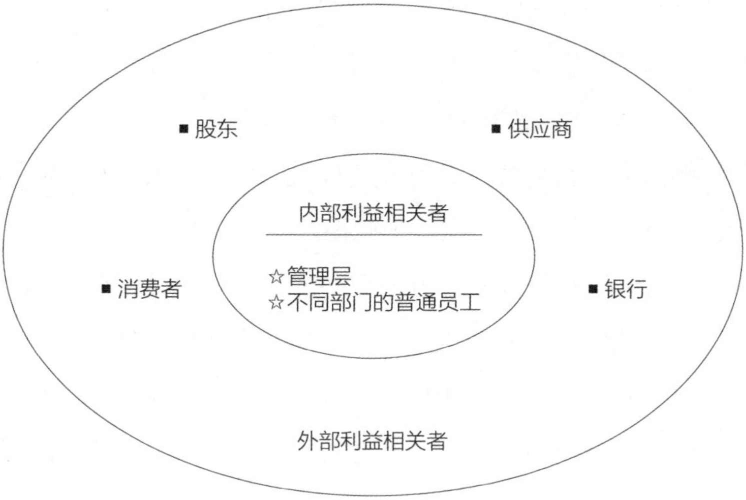

图 5.2-2　企业的利益相关者

当然，这只是一般情况，每家企业的商业模式不同，实际利益相关者也会有所差别，特别是外部利益相关者。企业的经营者应充分重视所有类型的利益相关者——他们是商业模式设计的八大核心之一。

【模式关键】

设计商业模式时，要思考三个问题：第一，企业的利益相关者包括哪些；第二，这些利益相关者与企业之间有什么价值可以交换；第三，如何根据企业内外部的利益相关者设计出共赢的业务结构和商业模式。

在调研利益相关者、开发与之相匹配的商业模式时，企业的经营者应当重点关注以下几点。

第一，摒弃股东至上的思想。很多人认为，企业是股东的企业，企业最重要的目标就是为股东创造价值，让股东的利益最大化。但实际上在秉持这种思想的企业中，股东可能赚不到钱。在股东至上的企业中，往往会存在利益无法协调、管理者滥用权利等现象。因为这是一种以公谋私的思维模式，除了内部股东（企业创始人及管理层）之外，其余股东一旦深度参与企业的日常运营与决策，出现“外行领导内行”等情况，结果往往是灾难性的。其为了确保个人利益，会只考虑眼前的利益，而损害其他利益相关者的利益，例如员工的薪资待遇变差、消费者的价值受损等。离开员工和管理层的人力、智力投入，离开债权人和外部金融机构的资金支持，离开消费者对企业和品牌的信任，企业根本无法存活。

第二，找到全部的利益相关者。企业需要知道谁是辅助自己完成经营管理目标的关键角色。首先，判断在企业的业务线中，什么人或者机构可以成为助力或阻碍；其次，考虑什么人或者机构会对企业的管理经营起到直接或间接的影响；最后，充分考虑企业能够给这些人或者机构带来怎样的价值，以吸引其将自己的利益与企业的生存发展紧密地联系起来。

第三，构建利益相关者的参与关系，明确其在哪些环节、哪个时间段会与企业产生哪些利益关系。例如，企业的实际经营者会与哪些利益相关者沟通，各方在一些关键问题的认知和决策上能否达成一致，利益关系是长期存在还是在完成还款、完成阶段性合作后自动结束等，都需要经营者仔细分析，才能构建出完整而合理的利益相关者参与关系。

5.2.3 产业链的价值整合

商业模式设计的第三大核心，就是产业链的价值整合。价值整合其实就是资源的整合，目的就是在设计商业模式之初，优化企业内外部的资源配置，最终实现产业链价值整体最优。

产业链的价值整合是一种系统化的思维方式，是指企业通过组织协调，把企业内部彼此相关但可能暂时分离的职能、组织、人员、业务等，与企业外部参与企业价值分享的对象（利益相关者）、拥有独立经济利益关系的合作伙伴等资源进行整合，使其成为一个为外部客户服务的整体。这样，既能为企业及其利益相关者带来更大的收益，也能为外部客户创造更多的价值。

【案例拆解】

雀巢作为全球知名的食品饮料公司，早在几十年前，就非常明确地知道产业链价值整合的重要性。雀巢开发出了一个让消费者在自己家里就能够自制新鲜咖啡的系统。原本这是一个非常好的创意，但推进起来并不是那么顺利，这一项目在长达两年多的时间内都处于无人问津的状态。

就在雀巢考虑放弃这个项目的时候，一位名叫盖乐德的业务经理参与了这一项目。经过他的仔细调查，终于发现了问题：雀巢想要独占整个系统的产业链，但实际上，这套系统涉及咖啡豆、蒸馏咖啡机、咖啡胶囊等多个要素，雀巢的资源无法支持其独立完成这一项目。

于是，盖乐德重新审视这个项目，引入了新的商业模式：将咖啡和咖啡胶囊的生产运营与机器的生产投放拆分，形成多个独立的盈利点。于是，咖啡胶囊的生产完全交给雀巢旗下的子公司负责，项目的市场推广由雀巢旗下的广告公司负责。而机器的投放、后期保养等交由外部合作方松下、飞利浦等专业的电器生产商负责，咖啡的销售则交给了哈罗德、布鲁明戴尔百货公司等知名的零售商负责。

盖乐德的这一决定，彻底改变了以前从原料到终端，雀巢全程参与的模式，让内外部利益相关者能够专注于自身具备优势且能够持续实现盈利的板块。在这一模式下，需要与咖啡搭配使用的消耗品咖啡胶囊由雀巢俱乐部供应，消费者也从家庭用户拓展到商场、办公室等多个领域的用户。消费者只要购买任何一个厂商生产的雀巢特制蒸馏咖啡机，就会成为俱乐部的会员。会员在订购咖啡胶囊时，只需要给俱乐部打电话，就可以在 24

小时内收到产品——这在互联网尚不发达的几十年前，是一个创举。短短十几年的时间，雀巢就吸引了数以十万计的会员，每天都能收到成千上万份订单。

【模式关键】

第一，企业应避免急于求成，应着手整合产业链，学会释放价值和利益。例如，雀巢原来销售蒸馏咖啡机时，要负责这种咖啡机的制造、销售、维修管理等环节，还要费心建设蒸馏咖啡机的销售渠道。这样一来，雀巢参与了整个产业链，投入的资源和精力巨大，导致无法把资源集中在擅长的领域。后来雀巢对业务体系进行深度改造，不再负责销售蒸馏咖啡机，而将其生产权授予松下、飞利浦等电器生产商——它们在制造方面更有优势，这就是某种意义上的扬长避短。盈利模式也从简单地销售蒸馏咖啡机、咖啡，变成以销售咖啡为主和销售机器生产权为辅。雀巢释放了部分价值，反倒让获得的利润更丰厚。

第二，企业应学会帮扶下游、并购中游、整合上游。行业产业链的下游可以统称为终端，它是距离消费者最近的触点。对于这些触点，企业要尽力进行支持与赋能，让其为消费者创造更大的价值。中游指的是企业的外部竞争对手，如果有余力，就可以对其进行并购，将其融入自己的业务线之中。上游是指供应商，对于上游，企业需要学会对其进行整合，让上游能够按照企业的发展规划、市场计划生产产品。

5.2.4 管理效率

企业设计商业模式的第四个核心就是管理效率，管理效率高也是每个企业都想做到的。但根据调研，能够做到的企业少之又少。

企业的经营管理水平是企业生存与发展的关键。特别是在服务和产品同质化严重、价格战盛行的市场环境下，只有整合管理与创新，不断提高内部管理效率，企业才能配置好现有资源，增强核心竞争力。企业的经营者（管理者）首先要明确管理的目的不是树立威望、让员工服从，而是要提高效率和效益，让所有员工都能够取得最佳的劳动成果，从而带来最佳的经济效益，让企业充满生机，在竞争中生存下来。

【模式关键】

第一，要制定合理的流程。企业流程是影响管理效率的关键因素——如果流程设计不合理，员工和管理层就会像无头苍蝇到处乱飞，企业经营更是毫无效率可言。企业应当持续对内部进行改革，改正管理机构重叠、流程烦琐、无法形成闭环等弊病，让每个流程都做到组织职能不重叠、业务不重复，避免员工互相推卸责任，同时缩短工作周期、节约整体的运作成本。

第二，同时加强时间管理与目标管理。时间管理通俗来说，就是员工开展具体工作时，要区分工作的重要性，以用最少的时间办最重要的事情。经营者应强化员工的时间管理观念，使他们树立时间重于金钱的观念，避免员工懒惰。同时，利用过程管理与结果管理的形式，实现目标管理，从而达到提高管理效率的目的。

第三，不断加强员工的职业化建设。职业化指的是工作的标准化、制度化和规范化。让员工通过不断学习，树立职业精神，这是提升企业核心竞争力的关键，更是企业实现高效管理的必要条件。在推进工作的同时，经营者还要不断对员工进行企业文化、专业技能等方面的培训，组建一个诚信、敬业、专业、负责的团队，使员工具备自我提升、创新、敬业的态度与能力。

第四，加强内部的有效沟通，减少乃至消灭无效沟通。管理中很多错误，都是沟通不顺畅导致的。无效沟通会使得企业内部出现不合作、不信任、互相推卸责任等不良现象；有效的沟通不但可以使企业内部的人际关系和谐，还可以使经营者及时发现和解决企业管理经营中存在的问题。加强有效沟通，最重要的就是企业中层管理人员以身作则，发挥表率作用，促进部门与部门之间、企业与客户之间的交流。基层员工耳濡目染，也会逐渐学会有效沟通。

5.2.5 系统思维

商业模式设计的第五大核心是系统思维。

系统，既指企业内的小系统，也指企业所属产业的整个价值链大系统。系统代表最佳整体，即个体的最佳组合。许多企业单独比较时，可能各方面都不如别的企业，但由于各方面组合（商业模式的设计）得好，整体实力强于别的企业。

世界上多数事与物，其实都是规律作用下的产物，将其串联起来就形成了系统。系统中企业的经营者能够看得见的东西，就是各个要素，如利益相关者、产业链价值等。而各个要素之间的关系，是系统中看不见的规律，它使得系统中的要素互为因果，共同构成一个有层次的整体。系统思维如图 5.2-3 所示。

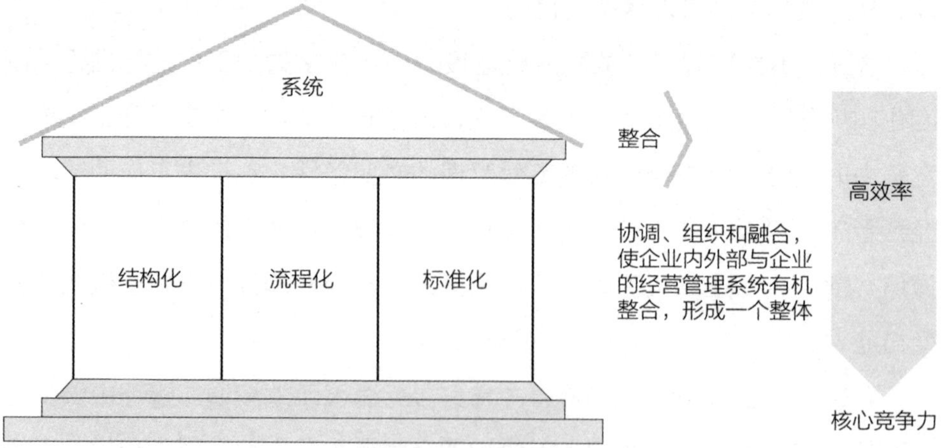

图 5.2-3　系统思维

【模式关键】

要具备系统思维，就要先学会理清系统中的要素与要素之间的关系。

第一，弄清楚小系统的要素有哪些，它们互为什么关系。小系统就是企业内的系统，包括人员结构、组织架构、业务模式、管理流程、产品与服务等要素。这些要素是并列关系，共同构建了企业基本的结构，可以互相促进或互相阻碍。例如，合理的人员结构与分工，可以促进业务发展；反之，人员结构与分工不合理，会导致企业收入减少，人员架构也会相应紧缩。

第二，企业应弄清大系统的要素，梳理利益相关者、交易结构。大系统包括企业内外部的全部要素和关系，其中最重要的就是前文提及的利益相关者和交易结构。例如，如果某人想开一家餐厅，目标客户为白领，那么其应选择在写字楼附近开店。涉及的利益相关者有店铺的房东、白领、餐厅服务员（员工）及创始人。交易结构就是餐厅生产的产品（餐食）经由员工的服务（服务员）提供给客户（白领），把客户服务好了，客户的价值便能实现最大化，创始人、员工、房东就都能持续获取稳定的收益。

第三，整合资源，充分发挥企业在大系统交易结构中的核心竞争力。完善小系统、梳理出利益相关者及交易结构之后，就要进行资源整合，充分发挥企业的核心竞争力。这个整合的过程，就是协调、组织和融合的过程，使得企业内外部和经营管理系统形成一个有机的整体。依旧以餐厅经营为例，由善于烧菜的员工掌勺，精明的员工算账收银，手脚麻利的员工当传菜员，充分利用店内的空间以多放两张桌子，饮料摆放在显眼的位置以促进销售……这些都属于资源的有效整合，能够极大地提高企业整体的管理与服务效率，从而让企业拥有真正意义上的核心竞争力。

5.2.6　盈利模式

商业模式设计的第六大核心是盈利模式。企业怎么赚钱、从哪里赚钱、能赚多少钱，永远是备受瞩目的三个问题，也是设计商业模式的时候，必须要重点考虑的三个问题。

有人认为，商业模式和盈利模式是两个独立的概念，实则不然。商业模式强调的是企业如何找到进入市场的正确方式，盈利模式强调的是企业如何获取利润，利润属于市场经营的范畴，因此盈利模式属于商业模式的内容之一，如图 5.2-4 所示。企业不能脱离盈利模式谈商业模式，不赚钱的模式只能称为慈善模式而非商业模式。

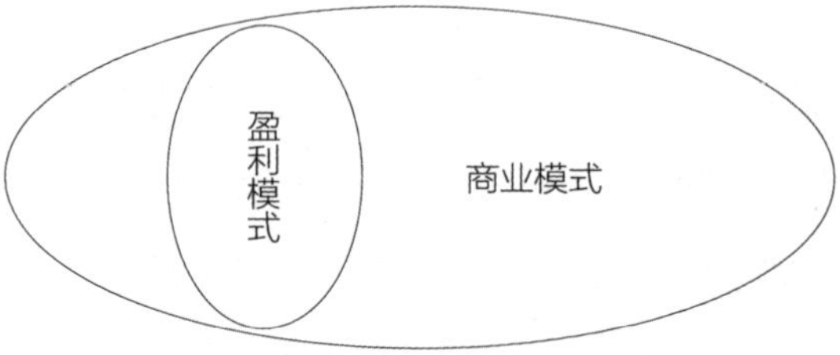

图 5.2-4　商业模式包含盈利模式

设计商业模式就是为了助力企业实现客户价值最大化，从而使企业内外的各要素系统地整合起来，最终形成一个完整、高效率的大系统，从而助力企业打造核心竞争力。企业应通过不断地满足客户需求、实现客户价值最大化，达成持续实现盈利的目标，以创造价值、传递价值、获取收益。

【模式关键】

第一，好的盈利模式不能是只能短暂助力企业实现盈利的、片面的、机会主义的，必须是能持续助力企业实现盈利的。这是判断企业商业模式成功与否的重要标准。助力企业持续实现盈利的商业模式，能让企业不断发展。

第二，盈利可以前置，也可以后置。有的优质企业的盈利模式属于后置盈利模式。在经营前期，企业将大量的价值释放给客户，使前期的产品生产成本、市场营销成本、人员薪资及服务成本略高于预期，但只要企业的资金链和利益相关者能够支撑，企业就能在形成品牌效应、建立良好的口碑之后，持续实现盈利。

第三，盈利模式是多渠道、多样化的。有了完善、合理的业务系统和资源能力，盈利模式才能为企业带来盈利。而且在这样的盈利模式下，收入不单单来源于客户，也可以来自第三方合作伙伴。比如，观众可以免费观看某综艺节目，但因节目和艺人自带流量，就会有商家愿意冠名赞助。

第四，学会设计盈利模式。首先，设计成本模式，分析成本的构成，并提出控制规则，比如成本最低规则。其次，设计收入模式，将收入源、收入点、收入方式罗列出来。最后，设计壁垒模式，利用企业的核心竞争力来打造竞争壁垒，让品牌、产品始终居于领先地位。

5.2.7　实现形式

商业模式设计的第七大核心是商业模式的实现形式。商业模式必须落地，否则就是空中楼阁。因此，实现形式虽然是商业模式的一部分，但有时比商业模式本身更重要。

商业模式应足够吸引人并且合理。吸引人就是商业模式有足够的创新力，合理就是它最终能落地。

【模式关键】

商业模式实现形式的基础如图 5.2-5 所示。

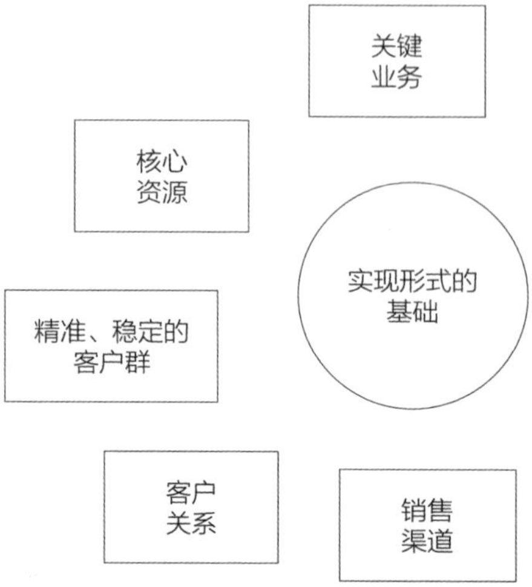

图 5.2-5 商业模式实现形式的基础

第一，产品和服务作为业务的载体，是不可或缺的。没有实物产品或者服务性产品的企业，就不会有交易行为的产生，也就没有业务。

第二，要实现商业模式，企业还必须具备关键业务、核心资源、重要伙伴、价值主张、销售渠道。只有具体的实现形式，才能把商业模式的概念、价值等要素综合起来，使商业模式落地。特别是销售渠道，其是实现商业模式的关键，也是企业完成业务的基础。毕竟，企业生产产品之后，需要通过各种渠道把产品卖给客户。销售渠道分为很多种，包括直营销售渠道、经销网络渠道、互联网渠道、新零售渠道等。不管是所谓的中间商形式还是其他形式，如果没有销售渠道，企业是很难通过所谓的“厂家直营”把产品卖给客户的。

第三，有精准、稳定的客户群，并有朝良好趋势发展的客户关系。企业在将产品推向市场之前，就应该明确地知道，哪些人会需要这个产品。一般来说，他们的需求越强烈，企业能占据的市场份额就越大。与此同时，企业与客户之间的关系也不能简单地被定义为钱货交易关系。企业应深度思考客户群希望与企业 / 品牌保持何种关系，这种关系的运营成本是否在可接受的范围内，如何利用这种关系更好地开发客户价值。例如，很多母婴用品企业的客户群是“宝妈”，虽然销售员自称是育儿顾问，但“宝妈”更希望其以朋友的身份与自己交流育儿经验，而不是冷冰冰地推销。

第四，需要注意的是，商业模式设计不可能一蹴而就。在企业具备良好的实现形式或开始应用商业模式后，可以根据现实基础不断对其进行调整和优化。

5.2.8　核心竞争力

商业模式设计的第八大核心是企业的核心竞争力。纵观近现代企业发展史，缺乏核心竞争力的企业是走不长远的，其商业模式设计往往也没有亮眼之处。反之，具有核心竞争力的企业，能为客户提供价值、实现盈利。

事实上，已经有许多企业开始致力于打造核心竞争力，但不少企业都不太清楚如何打造核心竞争力。

企业首先要了解哪些优势可以演化为核心竞争力。

核心竞争力主要分为四个板块，即核心技术（包括技术诀窍、发明专利、生产模式等）、核心能力（管理模式、融资模式、营销模式、人力资源发展模式、独特的品牌效应、信誉价值、价值链整合等）、核心业务（特许经营、盈利模式、交易交换平台等）、核心产品及服务，如图 5.2-6 所示。

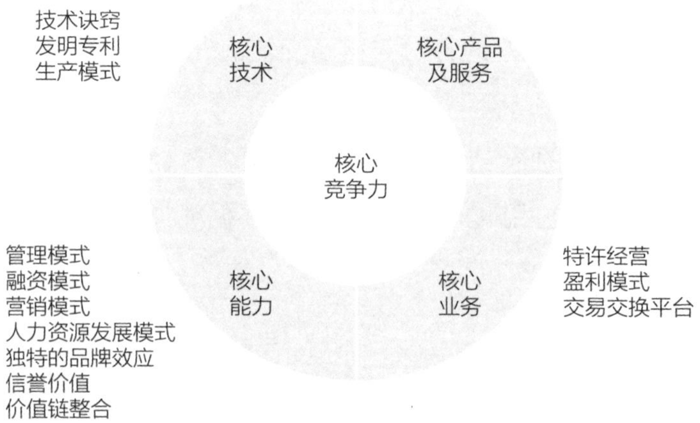

图 5.2-6　企业核心竞争力的构成

简而言之，核心竞争力可能来源于企业内部管理运营的任意环节。企业善于整合资源，并且勇于创新，就不会缺乏核心竞争力。

【模式关键】

企业必须回答以下几个问题：如何才能持续地获利；核心竞争力是什么；核心竞争力是否存在壁垒；与竞争对手相比，有什么优势。

第一，明确企业的产品和服务是否有绝对优势，用户的痛点有哪些，企业的产品和服务是否能够解决用户的痛点。如果企业的产品和服务能够解决用户的痛点，且生产成本较低，那么企业可以迅速抢占市场，且得到用户的认同。

第二，明确企业的无形资产——品牌是否具备核心竞争力。品牌效应涉及品牌的口碑、认可度等层面，在产品品质与服务质量相近的情况下，品牌知名度和认可度更高的企业，在用户心目中的分量会更重。

第三，明确企业另一项重要的无形资产——企业的制度与文化是否具备核心竞争力。管理企业不能单独依靠制度。虽然制度能够约束员工，但仅能让他们完成基本工作，而无法让他们获得发自内心的满足、成长。因此，企业应营造良好的工作氛围，鼓励员工高效工作，以企业理念和愿景为目标，以企业文化不断教育员工。如果员工的思想可以跟管理层的思想保持一致，那么企业内部的各种流程将高效地推进。

5.3　构建商业模式的五个基础步骤

构建商业模式时，可以从五个基础步骤入手。这五个步骤分别是了解企业（自我）的现状、挖掘客户尚未被满足的潜在需求、设计满足客户潜在需求的商业模式、测算商业模式能否助力企业实现盈利和实际执行，如图 5.3-1 所示。

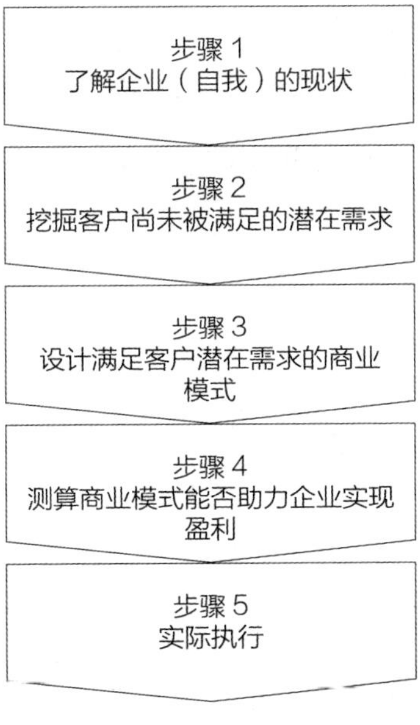

图 5.3-1　构建商业模式的五个基础步骤

这些虽然是基础的步骤，但无论是在企业既有的业务领域内构建新的商业模式，还是在不设任何框架的状态下自由设计商业模式，其都可以起到一定的作用。

5.3.1 了解企业（自我）的现状

企业经营者应高效灵活地运用人力、物力、财力、信息等本企业的经营资源。企业经营者不了解企业有什么样的经营资源，就无法充分利用这些资源。

1. 有效利用经营资源和优势需从了解企业开始

虽然很多企业经营者会觉得自己已经很了解企业的情况了，但也有意想不到的技术、经验埋藏在企业的某一个部门的可能性。

2. 梳理企业的现状

企业应努力构建起其他企业无法效仿的商业模式并发挥自己的优势。

此外，如果是个体从零开始创业，也需要利用已有的经营资源，也就是有效利用迄今为止积累的技能和人际关系等资源，这样才更容易取得成功。

企业经营者在梳理现状的时候，不要只在脑海里思考，最好用纸笔罗列出要点，这样梳理起来更容易，所整理的内容会更清晰。

企业经营者梳理经营资源时，可以列出人力（人才）、物力（产品、设备、店铺等）、财力（资金）、信息（知识产权、技术经验）四项。

除了经营资源以外，企业经营者对现在的业务流程和盈利模式等进行梳理，可以整理出适合企业的商业模式，以明晰企业提供的价值和没有提供的价值、有改善余地的业务流程等，这些是企业探索新商业模式的线索。

3. 利用 SWOT 分析进行梳理

如果要分析企业的优势和劣势以及市场环境，可以借助 SWOT 分析，如表 5.3-1 所示。SWOT 代表优势（Strength）、劣势（Weakness）、机会（Opportunity）、威胁（Threat）对应单词的首字母。企业在矩阵中分别填上相关要素，这样一来就能清楚地了解自身情况和所处环境的状况，也便于定期或不定期地回顾。

表 5.3-1　SWOT 分析

环境	加分因素	减分因素
内部环境 商品、技术、生产力、资金、品牌等	优势 （Strength） 内部环境中的加分因素 如技术强、商品性能好等	劣势 （Weakness） 内部环境中的减分因素 如资金不足、品牌影响力不够等
外部环境 社会形势变化、市场动向、客户价值观变化等	机会 （Opportunity） 外部环境中的加分因素 如安全相关需求增加、市场需求增加等	威胁 （Threat） 外部环境中的减分因素 如经济衰退、市场紧缩等

5.3.2　挖掘客户尚未被满足的潜在需求

企业在梳理现状后，就可以挖掘客户还未被满足的潜在需求。当然，挖掘潜在需求是很困难的。即使是对客户进行意见征询或问卷调查，也难以准确地挖掘出客户的潜在需求，因为许多客户对自己想要什么并没有清晰的认识。

1. 客户不知道自己真正的需求

例如，iPod 备受欢迎的原因之一是其支持随时听歌，以及支持购买专辑的单首歌曲。但在 iPod 发售之前，几乎没有人提出想要这样的音乐播放器。企业就算调研提问“你想要什么样的音乐播放器”，得到的回答可能是更便宜、音质好、更轻便的音乐播放器等。

2. 以客户的意见为基础提出各种假设并逐一分析

那么，如何才能挖掘出客户的潜在需求呢？

首先，不能满足于通过意见征询和问卷调查等发现的客户的表面需求，要进行深度挖掘。

如果可以，最好把企业假设的内容跟客户进行沟通，验证假设是否成立。

例如，当询问客户“你想要什么类型的笔”的时候，客户的回答是“想要一支小巧轻便的笔”。但客户真的需要小巧轻便的笔吗？其实未必。客户很可能是想要“在移动中马上就能取出的笔”，而在表述的时候用了“小巧轻便”而已。

3. 试着思考自己在日常生活中的不满

此外，企业经营者可回顾自己的日常生活，看看是否存在不满，这样可能会发现客户真正没有被满足的潜在需求。图 5.3-2 所示为以自己的角度思考客户的需求。

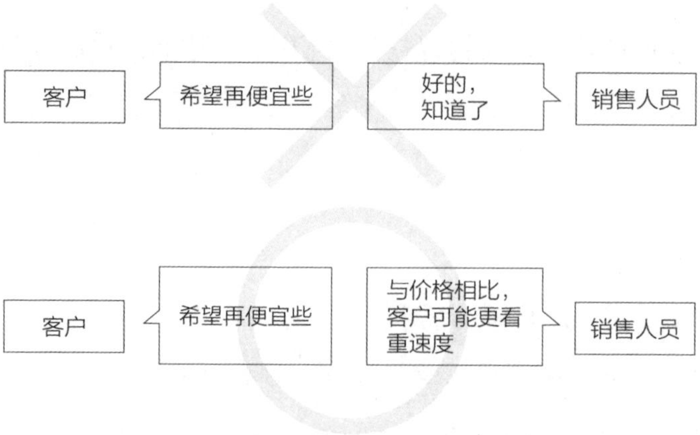

图 5.3-2　以自己的角度思考客户的需求

企业经营者如果没有机会接触客户，可以向营业部询问客户的意见，或者查看客户管理系统以收集客户真实的看法，这样或许能得到灵感。部分企业客户管理系统的使用频率非常低，不妨试着将其利用起来，可能会因此得到意想不到的启发。

有一点很容易被忽视，即企业经营者也是终端用户。卖方也是买方，制造者也是使用者。企业经营者需要先跳出自己所在的行业，思考在日常生活中，自己会考虑什么、在意什么，换个角度也许会得到意想不到的收获。

企业经营者应尽可能多地罗列出自己的不满和需求，这样也许可以发现其他人没有被挖掘出的潜在需求。罗列需求时，可以借鉴表 5.3-2 所示的内容。人的需求是多样的，换个角度思考或许就能发现机会。

表 5.3-2　人多样的需求

序号	需求	另一角度下的需求
1	希望价格便宜	想要价格高、品质好的东西
2	希望节省时间	想要消磨时间
3	希望看起来美观	不想被认为在装酷
4	希望看起来聪明博学	不想被认为只会学习
5	希望被认为是有钱人	不想被认为是有钱人
6	希望可以轻松些	想为将来艰苦奋斗
7	想要最新、最先进的产品	想要质量好的传统产品
8	想要更小巧的东西	想要更大的东西
9	希望到家服务	不想让人到家里来

5.3.3　设计满足客户潜在需求的商业模式

发现客户尚未被满足的潜在需求后，就要设计出能满足这类需求的商业模式。

1. 将既有要素重新组合形成新创意

相信很多人会认为从零开始想出新创意实在太难了，那可以通过模仿、添加一些新要素，或把现有的想法重新组合形成新创意。

划时代的商业创意有很多是大家都知道的已有商业要素组合而成的。把商业要素一一写在卡片上，随机组合，说不定也会激发新创意。

关于新的商业模式也是如此，如果能从现有的模式中得到启发，其就很容易构建了。如果模仿同行业其他企业的商业模式，商业模式可能会成为其翻版，但如果应用跨行业的商业模式，商业模式或许会成为崭新的架构体系。

也有人说："我们的行业是特殊的，应用跨行业的商业模式很难。"但不管是哪个行业的商业模式，只要提炼出抽象概念并将其重新组合，就会变得容易应用。例如，在富山药品的商业模式中提炼出"先把商品箱放在客户所在区域，客户想要的时候就可以买到"的概念，就会发现这个概念很容易应用在其他行业中。

2. 有效利用闲置的经营资源

利用闲置的经营资源，找出曾经认为无法解决的问题的解决方法，也是构建商业模式的典型方法之一。没有被使用的资源，一般来说相对廉价，因此企业可以低成本地建立新的高品质的商业模式。

例如，某眼镜品牌的网络销售平台为了给客户提供线下视力检查和调试眼镜的服务，便和正受低价冲击而客户不断减少的实体眼镜店合作。对于实体眼镜店来说，这样的合作是雪中送炭。

5.3.4 测算商业模式能否助力企业实现盈利

如果已经构建出了具体的商业模式，在实际执行之前，还需要通过估算销售额和成本等来验证其是否真的能够为企业带来利润。

1. 进行最低限度的收支测算

要想全面验证商业模式是否真的可行，就需要制作损益表和现金流量表等报表，但是一般只要测算出最低限度的收支，就能知道相对应的商业模式是否有望执行，之后再进行更细致的验证即可。最低限度的收支测算中需要考虑的指标如图 5.3-3 所示。

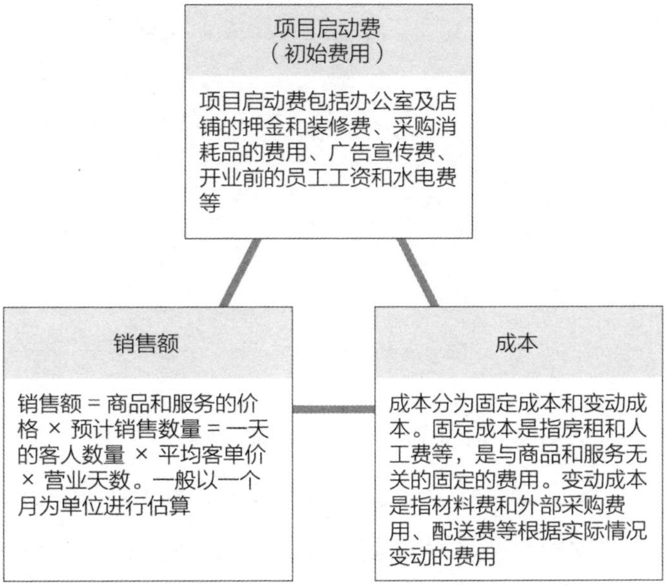

图 5.3-3　最低限度的收支测算中需要考虑的指标

在进行最低限度的收支测算时，容易高估销售额而低估成本。虽然是粗略的测算，企业还是应尽量测算得准确一些。

2. 测算盈亏平衡点

如果测算出上述三项指标，就可以粗略地知道商业模式能否实现盈利。但如果想更准确地进行分析，就需要测算出盈亏平衡点。

盈亏平衡点又称零利润点、保本点、盈亏临界点，其定义为：总收入等于总成本时的销售数量或销售额。通常来说，其是指全部销售收入等于全部成本时（总销售额线与总成本线的交点）的销售量。盈亏平衡点也可以用总销售额来表示。如果实际总销售额高于盈亏平衡点对应的总销售额，企业就有盈利。图 5.3-4 所示为盈亏平衡点的示意。

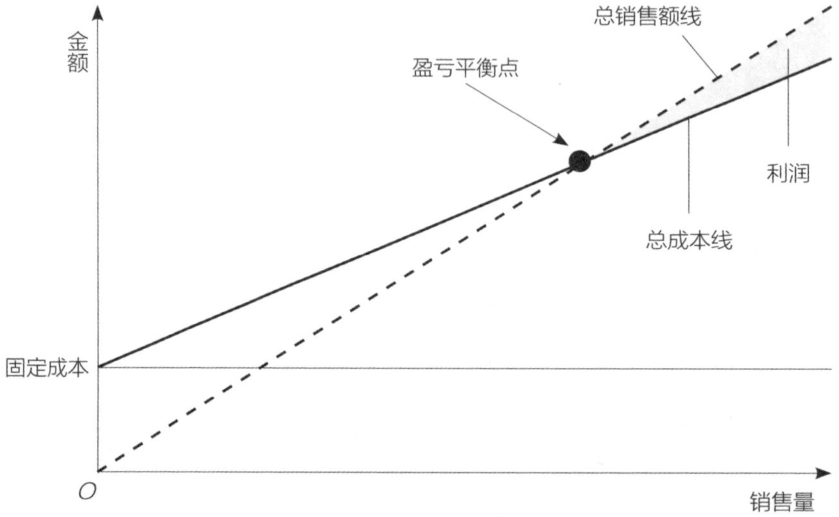

图 5.3-4　盈亏平衡点的示意

可以说，盈亏平衡点对应的总销售额越高，商业模式越难助力企业实现盈利。企业的盈亏平衡点是高还是低，可以参考上市公司或每个行业的盈亏平衡点做判断。要想降低盈亏平衡点，需要采取提高价格（提高品牌价值）、减少固定成本、减少变动成本等方法。

5.3.5　实际执行

无论哪种商业模式，只要企业不执行，就不会知道其是否真的可行。

1. 做还是不做

在进行收支测算之后需要做的便是试错运营。即使前期准备得有些不充分，企业也要尝试具体执行商业模式，这样若在执行过程中发现问题，就可及时修正。

不断试错，对打造优秀的商业模式来说是不可或缺的。

但在现实中，很多企业在实际执行商业模式之前就止步不前了。

例如，有一些企业虽然想用已经设计好的商业模式来创业，但很难迈出第一步。这类企业大多害怕承担失败带来的巨大损失，无法打造出成功的商业模式。

2. 成功的关键

企业在执行项目的过程中，由于各方的阻挠与反对，有时不得不中止项目。常见的反对理由有“会让自己部门与客户之间产生冲突”“不想承担风险”“不想承担多余的工作”等。

在这种情况下，可采用成立新部门、跟关键决策人事先沟通等方法。说服相关人员或部门的方法有很多，但最重要的是项目负责人能否说服他们，决定性的因素是项目负责人想要做这个项目的欲望到底有多强烈，这也体现了企业的愿景。

企业如果没有愿景，就很难挖掘出客户的真实需求。

企业找到愿景并不难，企业家应问自己真正的想法是什么。自问自答、自我思考，是构建优秀的商业模式的第一步。

在全球快速发展、互联网普及的大环境下，整个社会的商业环境发生了巨大变化。当环境有了大的变化时，商业模式也需要相应地改变。不仅是商业经营方法需要改变，商业的实质内容也需要改变。

第 6 章 商业模式设计的关键步骤

商业模式有助于企业实现价值最大化，将内外要素进行有效整合，形成架构完整、高效且具有独特竞争优势的运营系统。企业建立运营系统时，需要遵循市场规律，依照商业发展逻辑进行缜密思考，以最优形式展现企业价值、满足客户需求，进而达成商业模式设计的终极目标。

6.1 如何实现客户洞察

现代商业的市场属性基本等同于客户属性，即客户需求是市场研发重点，客户追求是市场创新重点。基本满足客户需求，企业可以维持基本生存；深度满足客户需求，企业可以具备竞争优势；把握客户内心需求，企业可以成为客户青睐的对象。这是当代商业市场运作的基本逻辑，也是各种商业模式的设计起点。

很多企业家习惯用全局眼光审视成功的商业模式，但始终不曾深度思考商业模式的构建流程。事实上，成功的商业模式大多起源于客户洞察。正是基于对客户的深度理解，对客户痛点的清晰掌握，商业模式才得以体现出巨大的商业价值。

下面介绍企业如何实现客户洞察。

6.1.1 通过数据转化实现客户洞察

所谓客户洞察，是指企业进行数据管理、客户分析与洞察力应用的过程。企业可通过转化市场数据、行业发展数据、客户群体数据等实现客户洞察，从而为企业发展提供支撑。它是构建商业模式的起点。

【案例拆解】

2021 年 3 月，小米公司公布了 2020 年第四季度和全年业绩报告。报告显示小米公司 2020 年总收入达 2 459 亿元，同比增长 19.4%；调整后净利润为 130 亿元，同比增长 12.8%。

2020 年小米公司能够交出这样的业绩的确值得赞扬，这是小米公司面对市场变化进行品牌战略调整、产业链梳理的结果。其报告中有两项数据值得注意。

首先，小米公司智能机业务逆势增长，出货量为 1.46 亿台，同比增长 17.5%；营收达到 1 522 亿元，同比增长 24.6%。

其次，2020 年小米公司加大了营销投入，全年营销费用达到了 145 亿元，增长率为 40.1%。

小米公司根据市场数据、行业数据调整了发展策略，将高端智能机作为 2020 年主打产品大力进行营销，从而实现了智能机业务的逆势增长。

小米公司最初的发展以亲民价智能机为起点，随后转型为双品牌、双市场发展，2020 年根据市场形势将产业重点定位到高端智能机市场。这三次调整不是小米公司的商业模式有所变更，而是其根据客户洞察调整了发展重点。

【模式关键】

企业通过转化有效数据实现客户洞察不是简单依靠数据分析，而是依靠有效数据反映的客户需求定位、市场趋势，以及企业自身优势。客户洞察关键三要素包括数据管理、客户分析、洞察力应用，如图 6.1-1 所示。

图 6.1-1　客户洞察关键三要素

1. 数据管理

数据管理是一项包含数据收集、整理、抽取、转换等流程的复杂工作。这需要企业在日常经营中进行相关数据的收集，之后进行数据分类并剔除无关数据，再进行重要数据的抽取，使数据转换为支撑企业发展的关键数据。

2. 客户分析

客户分析包括战略层面分析、价值层面分析、市场层面分析等多项内容。在数据的支撑下，企业能够了解战略重点与市场数据变动的匹配度，分析出企业凭借优势能否满足客户需求，以及企业市场竞争力的强弱。明确了这些关键信息，企业才能确保商业模式稳固，运营效果良好。

3. 洞察力应用

洞察力应用主要是指针对企业发展进行深入思考，并在数据分析之后根据思考结果采取调整策略的过程。比如，小米公司通过客户分析了解到2020年高端智能机市场是受挫程度小、发展前景良好的主要市场，随即增加营销投入，大力发展高端智能机业务，从而确保自身发展。

通过数据转化实现客户洞察后，企业发展形势更加明确，商业模式的差异化打造更加顺畅。这有助于企业提供个性化产品、高品质服务。

6.1.2 学会提问，利用好信息

企业运用客户洞察可以分析出诸多利于企业发展的有效信息。但企业每天要面对海量市场数据、客户数据，如何定位关键信息成了需要解决的难题。

从企业运营角度出发，捕捉关键信息需要企业清楚自己最需要哪些数据。通过自我提问，企业可以解决这类难题。企业自我提问的三个重点领域如图 6.1-2 所示。

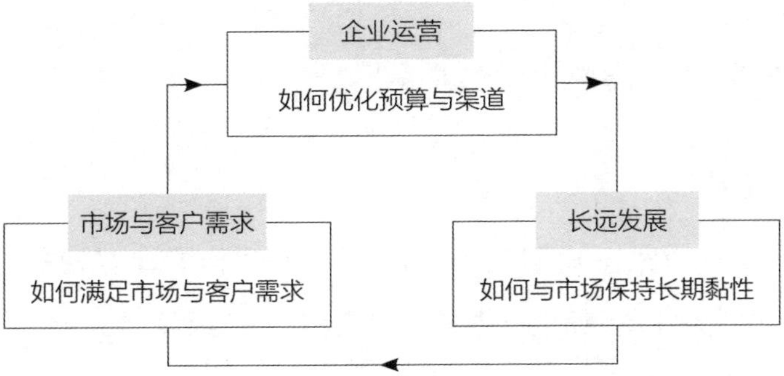

图 6.1-2　企业自我提问的三个重点领域

1. 市场与客户需求

企业想要了解如何满足市场与客户需求，可以自我提问以下内容。

（1）企业吸引高端客户的价值点是什么？

（2）企业如何针对市场区域有针对性地调整价格战略？

（3）企业面对价格竞争最有效的应对措施是什么？

（4）企业如何进行向上销售？

（5）企业如何实现产品效益最大化？

（6）企业哪一款产品具有迅速抢占市场的优势？

（7）企业哪一款产品最受市场青睐？

2. 企业运营

在运营层面进行自我提问，是企业优化预算与渠道的有效方式。在这一层面，企业可以思考以下几个问题。

（1）企业大众营销与直接营销的预算分配是否合理？

（2）企业大众营销与直接营销的效果如何？

（3）企业哪些营销方式取得了较高的投资回报率？

（4）企业哪一渠道与市场连接的效果最佳？

（5）企业如何才能设计出可以为客户带来长期价值的产品或营销

策略？

（6）企业的哪些营销活动效果突出？

3. 长远发展

企业要与市场保持长期黏性，需要时刻准确把握客户需求与市场需求。企业可以思考以下几个问题，以明确自身长远发展的重点，以及企业优势与市场需求结合的方式。

（1）哪些战略扩大了企业品牌影响力？

（2）哪些渠道取得了较高的投资回报率？

（3）哪些产品获得了忠诚客户？

（4）行业主流产品策略有哪些？

（5）如何减少客户投诉？

（6）如何减少客户流失？

自我提问可以让企业获取更多有效信息，通过利用有效信息，企业可以优化资源配置、发展战略、供应链管理等，这也是客户洞察的主要价值。

6.1.3　为什么要重视客户画像

交互设计之父艾伦·库珀提出了客户研究理念，即通过描述目标客户属性，连接客户诉求，明确企业具体发展方向。目前，客户画像已在商业市场广泛应用，常见的方式为企业在研究一定数据的基础上建立起客户模型，明确客户特点，针对客户特点优化自身发展。比如，小米公司2017年的客户画像具有以男性为主、年轻化等特点，如图6.1-3所示。

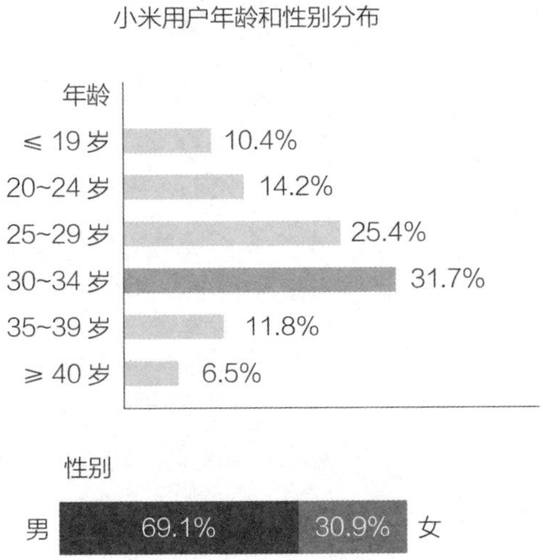

图 6.1-3 小米公司 2017 年的客户画像

基于这一画像，年轻化、满足男性客户的兴趣爱好成了小米公司 2018 年产品研发的重点。

互联网商业时代到来后，客户画像越发被企业重视。因为企业精准满足市场需求的能力是企业的核心竞争力，而确保企业与客户保持紧密联系、长期融入客户生活的，正是客户画像提供的关键信息。

另外，互联网商业市场相比传统市场，具有客户建立信任比较困难的特点。这更需要企业借助数据清楚分析自身客户画像，准确快速识别主要群体的特征，明确企业营销、获取竞争优势、发展的关键。总体而言，客户画像可以让企业清楚自己的市场定位、客户对企业的印象。另外，画像还可以用于挖掘客户潜在需求，为企业开拓更广阔的发展空间。

在互联网科技高速进步的今天，当代企业描绘客户画像时，需要注意两个重点，如图 6.1-4 所示。

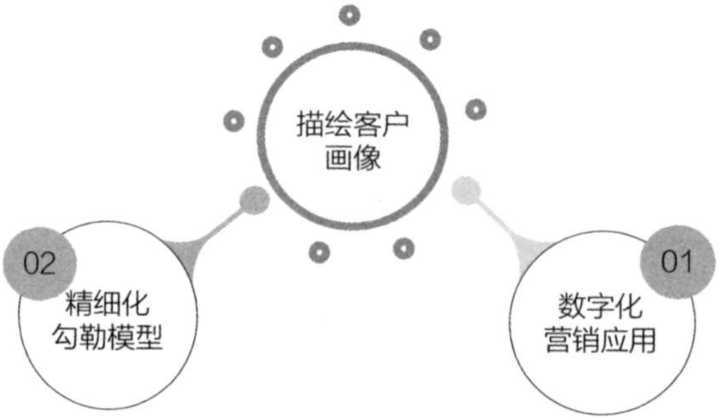

图 6.1-4　描绘客户画像的两个重点

1. 数字化营销应用

当代互联网市场数字化转型趋势已经十分清晰，互联网市场营销也在不断升级。互联网市场中，大多数客户会根据个人爱好、习惯进行商业选择。这时营销信息是否迎合客户的兴趣成了商业转化的决定性因素。想要营销信息迎合客户兴趣，企业必须更精准地描绘客户画像，并用客户青睐的方式展开数字化营销。

2. 精细化勾勒模型

互联网市场发展使客户数据高速增长及消费决策持续分化，具体表现为：在智能设备上，用户可以保持 24 小时在线，且消费眼光越发挑剔。在互联网发展的促进下，现代企业看似与客户保持更近的距离，却很难连接客户、触动客户。企业需要更加准确的信息以定位客户需求与偏好，而客户画像是解决这一问题的关键。

客户画像发展到今天，已经是企业在互联网市场发展、构建成功商业模式的重要工具。通过精准描绘客户画像，企业可以获得更精确的信息，同时解决客户需求问题，降低市场竞争压力。

6.1.4　创建客户画像的五个步骤

既然客户画像是建立在真实数据之上的精准客户模型，那么企业应该如何准确创建客户画像呢？结合现代商业市场的客户消费特点及市场运营逻辑，可以分析得出创建客户画像的五个步骤，如图 6.1-5 所示。

图 6.1-5　创建用户画像的五个步骤

通过这五个步骤，企业可以创建表达客户群体特性的客户画像。每一个步骤都需要大量数据支撑，这些数据能确保客户画像描绘的内容准确。

1. 客户描述

客户描述是指企业需要明确客户的基本特点，了解客户的共性。通常企业可以通过分析表 6.1-1 所示内容获取准确信息。

表 6.1-1　客户描述具体内容

个人信息	企业信息
年龄	企业类型
性别	行业特征
收入	企业规模
偏好	发展阶段
爱好相同点	营业收入
厌恶内容的相同点	区域特点
	业务类型

2. 客户定位

客户定位是指明确客户出现的地点，比如企业客户主要出现在哪些平台、网站，以及客户登录平台、浏览信息的主要时间段。

3. 了解消费习惯

完成客户定位后企业可以继续分析客户消费习惯信息，比如客户喜好、青睐产品类型、消费方式、消费周期、消费水平等。明确客户消费习惯信息有助于企业优化产品设计。

4. 产生连接

在了解客户消费习惯后，企业可以针对客户痛点开展营销活动，以连接客户，与客户互动。比如，通过产品创新提升产品性能，在客户了解新产品的过程中引导客户的关注方向。

5. 修正画像

完成上述步骤后企业可以创建基本的客户画像，但还需要在后期运营中不断修正画像。因为互联网时代具有多变的特点，客户需求、消费习惯随时可能出现变化。

6.2 如何进行产品构思

产品即能够满足市场需求，被客户消费使用，同时令客户感到满足的商业元素。企业想要打造一款优质产品，必须了解产品优质与否的决定因素。企业技术水平、产品价位都不是产品优质与否的决定因素，市场与客户满足感才是。

现代企业进行产品构思应以客户与市场为出发点，想清楚三件事：产品为谁打造，客户在何种场景下使用产品，产品可以解决客户哪些问题。想清楚了这三件事，企业才能够打造出优质产品，这三件事对应现代商业产品的核心三要素：角色、场景、路径。

6.2.1　角色：客户是谁，需求在哪

客户角色是客户群体的统称，也是产品构思的起点。优质产品不仅能满足某一人群的需求，还能令这一人群感受到使用产品的快乐。

【案例拆解】

谷歌公司是全球知名的科技公司，其主要业务分为两个方面：一是软件开发，二是广告运营。实际发展中，谷歌公司广告运营业务的收入甚至超越了软件开发。因为谷歌公司有自己的搜索引擎，同时与众多科技品牌达成了长期合作，所以谷歌公司有广阔的广告投放平台，广告运营成本极低，盈利自然十分可观。

如果把广告运营业务视为公司产品，可以从中看出谷歌公司清楚定位了客户群体与客户需求。从互联网广告投放形式出发，互联网广告投放关键指标有三个：一是单页面广告投放量，二是全页面广告覆盖率，三是广告点击率。理论上讲，三个关键指标数值越大，广告投放效果越好，谷歌公司盈利越多。

但谷歌公司不仅严控全页面广告覆盖率，而且明确规定了每个页面的广告数量。

谷歌公司根据页面内容调整广告投放方式，增强广告与页面的匹配度，以此提升广告点击率。在这种广告业务运营模式下，谷歌搜索页面广告数量远远少于其他搜索引擎，但广告点击率很高，且用户口碑佳。

从谷歌公司的策略中可以看出，谷歌公司非常清楚自己的客户不只有广告商，还有搜索引擎用户。客户需求分为两个方面，从广告商角度出发，广告商真实需求的不是高广告投放量，而是高广告点击率与转化率；

从用户角度出发，用户需求的是极佳的搜索引擎使用体验。

【模式关键】

定位客户群体与客户需求看似简单，却需要企业进行一系列策划。从产品构思角度分析，定位客户群体与客户需求需要进行四个层面的设计，如图 6.2-1 所示。

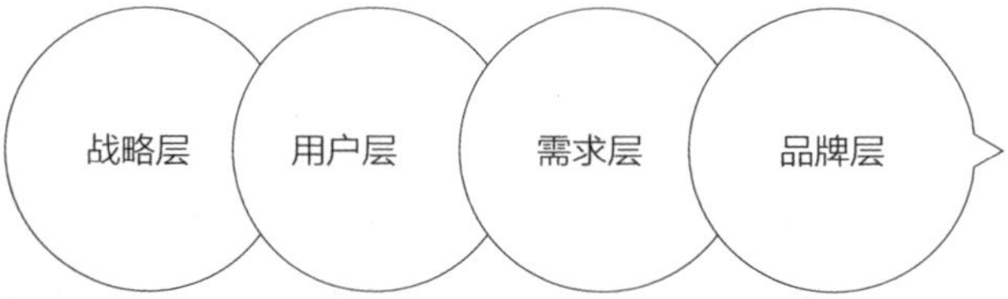

图 6.2-1 定位客户群体与客户需求的四个层面

第一，战略层。企业需要从战略层面考虑产品如何满足市场需求，如何抢占市场。

第二，用户层。企业需要从用户层面定位产品功能，明确产品提供的服务及能解决的问题。

第三，需求层。企业需要思考如何在需求层面打造差异化产品，改变用户认知，获得用户认同。

第四，品牌层。企业需要思考如何通过产品塑造品牌，如何通过产品传递品牌价值。

通过上述四个层面的思考，企业可以初步进行产品构思，明确产品预期效果，调整产品构思方向。

6.2.2 场景：为什么使用产品，如何使用产品

场景思考是企业思考产品如何满足市场需求的细化思考，即思考客户在什么场景下会对产品产生强烈需求。明确了这一信息，企业便可以通过优化产品增强客户黏性。

【案例拆解】

移动互联网时代到来后，大众生活节奏不断加快，生活内容不断丰富，生活中的碎片时间随之增加。针对这一趋势，短视频平台应运而生，其可以在极短时间内迅速抓住用户需求，并与用户群体产生深度连接。

截至 2022 年，抖音用户超 8 亿人，最多日活破 8 亿人，快手、微视紧随其后，皮皮虾、全民小视频等新兴平台也迅速发展。

事实上，短视频可以视为视频行业的一款新产品。各大短视频企业明确了市场需求，定位了用户群体，之后根据用户使用场景调整产品，通过这种方式，部分短视频平台取得了成功。

从短视频平台的崛起可以看出，明确客户使用产品的场景是企业构思产品的重要环节。了解到客户为什么使用产品、如何使用产品后，企业可以打造出更优质的产品。

【模式关键】

产品使用场景包含两个要素，如图 6.2-2 所示。

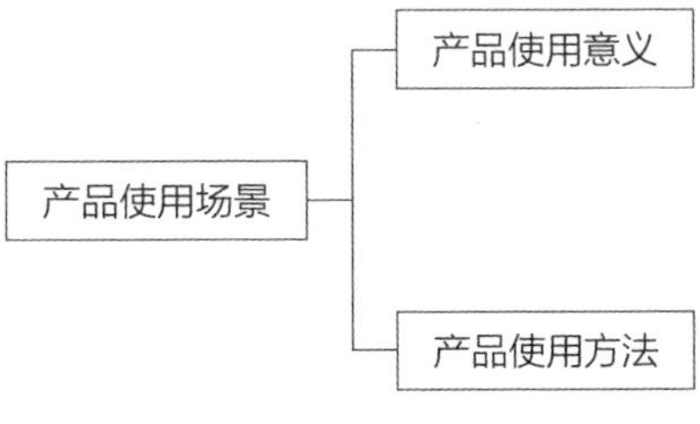

图 6.2-2　产品使用场景的两个要素

第一，产品使用意义。产品使用意义是指客户使用产品的目的，如解决问题以及获得满足感。比如，短视频平台的使用意义是填充碎片时间，抖音、快手在此基础上为客户增加了生活乐趣，从而得到了客户的青睐。

第二，产品使用方法。产品使用方法主要强调便捷性、高效性，以用最短时间满足客户需求。比如顺丰快递提供的高效服务，就是用简便方式深度满足客户需求的代表。

产品使用场景是产品与客户需求的连接节点，通过深度分析产品使用场景，企业能够确保产品构思全面，增加产品与客户连接的深度。在产品使用场景数据的支撑下，商业模式可以助力企业获取更大成就，甚至引领市场风向。

6.2.3 路径：如何使符合角色、场景的产品落地

路径思考是企业产品满足市场需求的深度思考。从市场角度分析，客户需求不会凭空产生，也不会凭空消失，思考产品如何适应客户需求的变化，便涉及产品落地路径构思问题。

企业需要跟随客户需求节奏，不断完善、升级产品落地路径构思。一旦企业将自身优势作为客户需求，或以主观态度思考客户需求，产品就很难长期为客户带来价值。从成功的产品落地路径中可以看出，打造出优质产品的企业均以客户为核心，思考客户的真实需求、深度需求及潜在需求。

【案例拆解】

2020年，华为智能手机销售量超越苹果、三星，销售量排名全球第一。这代表华为产品不仅得到了国内用户认可，还得到了全球市场认可。华为产品如此受欢迎，与华为的产品落地路径构思有直接关系。

早在2016年任正非就说过，智能手机市场现状为："入门级产品围住山脚形成防火墙，高端产品才是关键"。这是华为认真理解客户真实需求后得出的结论。

华为对智能手机市场分析得十分透彻。大多数智能手机企业能够清楚定位用户群体，对接用户需求，也清楚产品使用场景，却无法打造竞争优势。这并非因为品牌影响力不足，而是产品落地路径构思有误。

手机用户的真实需求是什么？为生活带来便利的智能手机。

手机用户的深度需求是什么？更高端的智能手机。

手机用户的潜在需求是什么？象征自身品位的智能手机。

正是明白了产品落地的有效路径，华为才将手机制造工艺对标日本，将手机智能属性对标美国，之后大力提升品牌影响力，以此全面满足用户需求。

从华为的产品落地路径中可以看出，正确的角色和场景是企业确保产品构思合理的基础，而有效的产品落地路径是确保产品构思处于高端水平的关键。

【模式关键】

决定产品构思高端与否的关键不是产品的外观、性能与价格，而是客户真实需求、深度需求、潜在需求的挖掘程度与满足程度。针对这三方面设计产品落地路径可以优化产品构思。

1. 客户真实需求

客户真实需求是指客户的实质需求，包括产品的用途及客户的期望。比如智能手机为生活带来的正向改变，就是客户的真实需求。如果智能手机无法为客户带来正向改变，那么手机再高端也不会被客户认可。

2. 客户深度需求

客户深度需求是指客户对产品的期望，或产品能够带来的惊喜。

例如，苹果笔记本近年来赢得了极佳口碑，不是因为其性能优越，而是因为苹果公司设计的任务管理软件 Agenda 为客户带来了惊喜。这款软件采用极简设计风格，客户可以根据写作需要随时调整文本样式，配合苹果产品的同步与共享功能，客户可以在任何地点、任何时间写作，这为客户带来极大便利。

3. 客户潜在需求

客户潜在需求是指真实需求背后的附加需求。比如产品带来的品位象征等。若能满足客户潜在需求，产品落地将更加顺畅。

产品构思是以市场为起点，深度剖析客户需求之后的设计思维，在外部构思完成后企业才能够结合自身优势、自身特点进行产品设计，所研发产品才可能成为企业发展的核心产品，才可能成为行业“爆款”产品，企业才可能吸引更多忠诚客户。

6.3 如何进行视觉化思考

视觉化思考是指将企业商业模式设计思路进行可视化展现，这种方式有助于企业提升商业模式清晰度，理清设计逻辑。

当代企业进行可视化展示时常用的 5W2H 法（七问分析法）如图 6.3-1 所示。

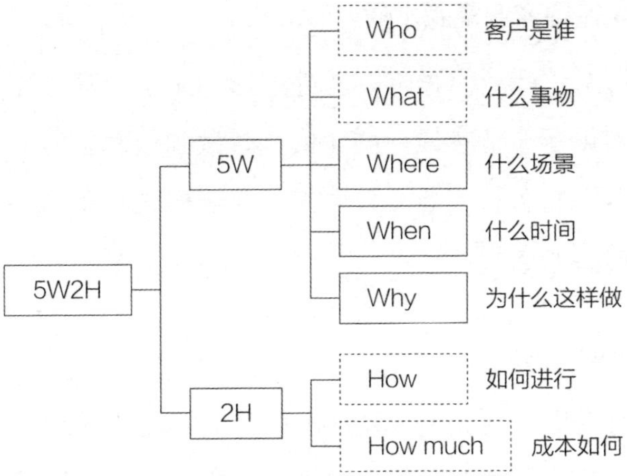

图 6.3-1　5W2H 法

利用清晰的 **5W2H** 框架图，企业可以更加缜密地分析产品设计要素，确保产品设计符合市场与客户需求。

【模式关键】

视觉化思考非常简单，即可视化与思考方式相结合。可视化是指通过文字、符号、图形等方式展现商业模式的逻辑或企业的观点；思考方式是指针对这些逻辑或观点的分析路径与实现思路。企业将两者结合可以实现商业模式的视觉化思考。

企业在设计商业模式过程中经常会运用视觉化思考，比如制定商业模式框架时绘制的鱼骨图、流程图便是视觉化思考的展现形式。从商业模式设计角度出发，视觉化思考具有以下四个优点，如图 **6.3-2** 所示。

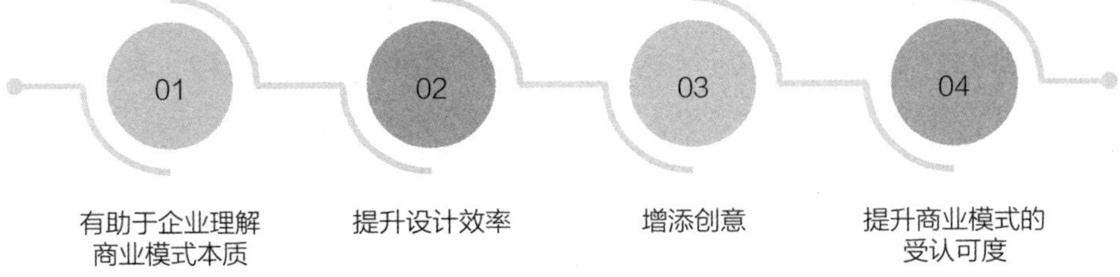

图 6.3-2　视觉化思考的四个优点

1. 有助于企业理解商业模式本质

利用视觉化思考，商业模式可以通过图形、文字、符号等形式直观展现。视觉化思考有助于企业在设计商业模式时做到全面思考，明确商业模式运营逻辑。尤其在将各种商业元素填充到商业模式画布中之后，企业会对商业模式理解得更加透彻。

2. 提升设计效率

视觉化思考可以提升商业模式设计思维的流畅度，有助于企业针对可视化框架进行商业模式完善与升级。这极大地提升了商业模式设计效率与设计效果，所以视觉化思考才在商业市场上如此受欢迎。

3. 增添创意

在商业模式画布中进行商业元素填充的过程中，企业借助各种思考路径可以对商业元素进行合理转移、增减、变换，高效提升商业模式的合理性。同时随着商业模式细节不断完善，企业可以充分发挥想象力，创新思路随之增多，商业模式创意度得到提升。

4. 提升商业模式的受认可度

将商业模式进行可视化展现能够直观表达商业模式的内涵及运作模式，企业应客观、理性地分析商业模式的受认可度，根据参与者的不同意见查漏补缺，完善商业模式。

商业模式视觉化思考方式十分丰富，每一种思考方式都具有相应的特点。目前，商业模式设计常用的视觉化思考方式有四种，如图 6.3-3 所示。

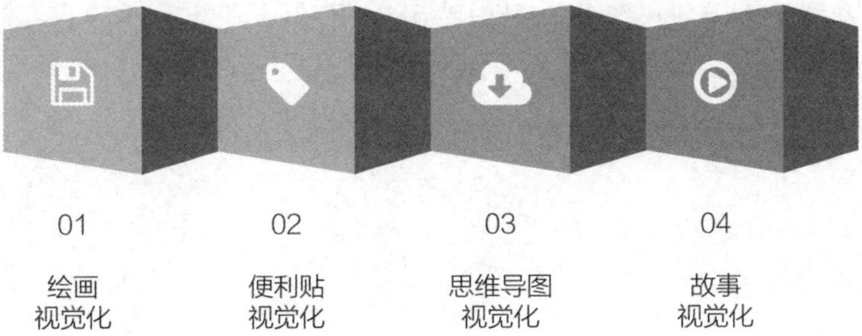

图 6.3-3　商业模式设计常用的视觉化思考方式

运用这四种商业模式视觉化思考方式时，企业家无须局限于某种形式，无须注重可视化美观度，只需要保证商业模式清晰，便于理解、传播即可。

6.3.1　绘画视觉化

绘画视觉化是指将商业模式设计思维通过绘画方式展现，这一过程主要考验企业家总结与表达关键信息的能力。

例如，企业家进行商业模式设计时会对海量商业信息进行梳理与思考，过程中一些关键信息成了构建商业模式框架的重要基础。这时企业需要将关键词及关键词背后的关键信息进行可视化呈现。比如，某一行业的客户痛点有价格高、信任程度低、渠道少、体验感差、创新少等。这时企业家可以将客户痛点以文字形式展示，再将主要痛点或企业可以轻松解决的痛点标红。

绘画视觉化最大的优点是能直观、快速地帮企业家筛选关键信息，厘清商业模式设计思路，从而使企业家可以展开更多对商业模式设计的思考。比如，思考商业模式主要组成部分的关系、商业模式结构等。

6.3.2　便利贴视觉化

便利贴视觉化是企业日常运营过程中记录关键想法，设计、完善商业模式的有效方式。轻便实用的便利贴可用于随时记录重要信息，进行便利贴视觉化时要注意以下三要素，如图 6.3-4 所示。

图 6.3-4　便利贴可视化三要素

第一，突出关键信息是指将平时记录的重要信息进行区分，比如将关键词圈出，或用不同颜色的笔标记。这种记录方式便于企业迅速厘清思路，明确记录重点。

第二，单独记录是指每一张便利贴只记录一条信息，因为信息过多会影响对商业模式关键信息的定位，且无法突出重点。

第三，简化要素是指利用便利贴记录商业模式设计要点时要简洁明了。因为便利贴视觉化主要用于日常工作，很多创意思维转瞬即逝，或受其他信息干扰迅速被忘记，用简化方式记录可以保留更多有效信息。

利用便利贴完成思考后，企业家可以将便利贴中记录的关键信息纳入商业模式框架中，与企业领导层一同思考商业模式设计方法。这些关键信息可以纠正企业商业模式战略方向，提升商业模式运作效果。

6.3.3　思维导图视觉化

思维导图视觉化是企业家在设计商业模式时常用的视觉化思考方法。与绘画视觉化不同，思维导图视觉化可以全面展现商业模式设计思路。

思维导图视觉化最大的优势为确保商业模式设计的完整性，企业家可以在设计过程中不断完善设计思路，从而优化商业模式后续设计，提升设计效果。

6.3.4　故事视觉化

故事视觉化是绘画视觉化、便利贴视觉化、思维导图视觉化三种模式的升级版。当利用绘画视觉化定位商业模式关键要素后，利用便利贴视觉化可以进行思维补充、商业模式完善，之后利用思维导图视觉化完成商业模式架构设计及内容升级。

故事视觉化是将各种商业元素按照某一商业逻辑进行呈现，以增强商业模式的可理解性、受认可度。利用故事视觉化设计商业模式时可以设定一个故事主角，以此提升故事视觉化效果。故事主角可以是企业员工也可以是客户，从员工角度进行故事视觉化可以展现企业核心资源、关键业务、价值主张等，从客户角度进行故事视觉化可以展现企业渠道优势、与客户的关系、市场定位等。

故事视觉化常用于商业模式推广，通过精彩描述强化商业模式运作效果，提升商业模式价值，进而助力企业获得更多投资，与更多企业达成合作。所以故事视觉化也是当代企业家设计商业模式的常用方法。

6.4　如何构建成熟的商业模式模型

实现客户洞察，明确产品构思，掌握视觉化思考技巧后，企业家可以进行商业模式模型构建。要构建成熟的商业模式模型，企业家需要站在设计师角度，不断探究商业模式升级的各种可能，为商业模式增添创新领域，强化商业模式功能。企业家可通过借鉴其他成功模型、重塑现有模型等方式构建可视化、立体化的商业模式模型。

【案例拆解】

免费增值型商业模式是互联网时代具有代表性的商业模式。这一商业模式下，企业以免费产品或服务获取更多用户，之后通过增值功能获取广阔利润空间。这种商业模式是网络游戏、网络服务、智能软件等领域的主流商业模式。免费增值型商业模式的基础框架如图 6.4-1 所示。

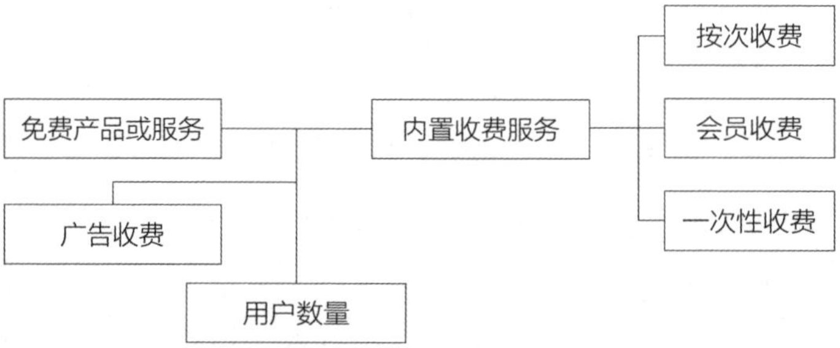

图 6.4-1　免费增值型商业模式的基础框架

免费增值型商业模式之所以成功，是因为它拥有双赢商业格局。对用户而言，免费模式可以满足基本需求，提升生活便捷性，固实行免费增值型商业模式的企业拥有庞大的用户群体，比如 360 公司、WPS 公司等。而庞大的用户群体也是一种重要商业资源，仅利用广告收费就可以为这些企业带来巨额利润。

同时，免费增值型商业模式下还可以拓展内置收费服务，通过不同收费模式满足用户需求。比如 WPS 公司实行会员制收费，用户支付一定费用后可以享受会员服务；又比如游戏软件内设皮肤销售系统，这属于一次性收费，用户通过一次付费可以永久使用某些功能。

从免费增值型商业模式中可以看出，这一商业模式下各模块的关系十分明确，商业元素的价值体现得十分到位，商业模式运作逻辑十分清晰，随企业发展各模块还具有延伸属性及定制特性。

【模式关键】

从商业模式构建角度分析，免费增值型商业模式正是企业实现客户洞察，明确产品构思，应用视觉化思考技巧后的基础设计，虽然架构简单，但可以大幅拓展商业元素，与现代商业契合度很高。利用这套商业模式，无数企业收获成功，这套商业模式促进了互联网市场，甚至商业时代的发展。

这种商业模式模型可以帮助企业探索商业模式的不同发展方向，挖掘企业家的营商思维逻辑，实现某些商业畅想。商业模式模型更像商业模式设计的路标，引导企业家不断向深层次探索，最终设计出一套可执行、可优化的商业模式。

现代商业市场处于竞争与机遇并存的高速发展时代，企业如果长期跟随市场趋势，没有打造适合自身的商业模式，则有极大风险走向衰败或被淘汰。进行商业模式设计，构建成熟商业模式已是企业发展的必由之路。在这种发展背景下，通过模型借鉴、模型创造等方式，企业可以解决发展的内忧外患。

6.4.1　模型借鉴

模型借鉴是指借鉴当代市场成功商业模式，结合企业自身特点，构建适合自身的模型的设计思维。

【案例拆解】

当代主流的免费增值型商业模式借鉴了吉列公司的长尾型商业模式。吉列公司以“低价剃须架＋高价刀片”的模式获得了巨大成功。所谓“高价刀片”并非指刀片单价高，而是用户通过购买“低价剃须架”成为吉列公司长期客户，他们长期购买刀片，数量巨大的刀片的总价很高。

免费增值型商业模式对长尾型商业模式进行了升级改造：将前端“低价剃须架”设计为免费产品或服务，以此获得更多长期用户；又将后端“高价刀片”设计为人性化收费选择，满足用户深度需求的同时提升用户好感度。

商业模式模型借鉴其实并不复杂，当代企业家清楚理解市场上成功的商业模式后，进行吸收、融合，便可以此为基础设计出更符合企业发展的新商业模式。

【模式关键】

模型借鉴并非模仿与复制，即便成功模型与企业匹配度较高，企业也需要融合创新，打造模型优势，凝聚核心竞争力。模型借鉴的两种方法如图 6.4-2 所示。

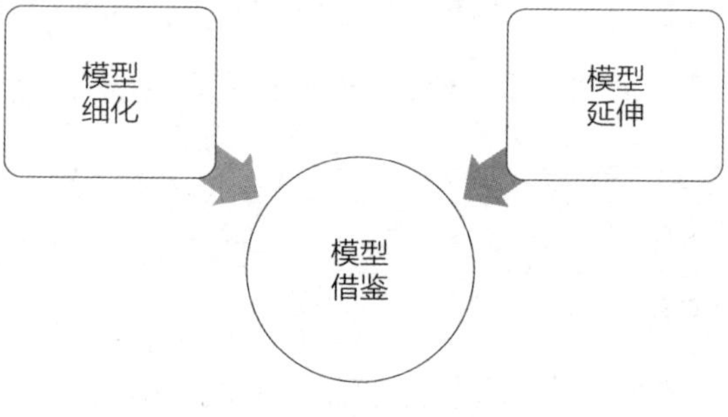

图 6.4-2 模型借鉴的两种方法

1. 模型细化

模型细化是指研究当代商业市场上成功的商业模式模型后，定位更符合企业的商业模式的设计方法。比如，百度网盘采用免费增值型商业模式，但百度公司将这一商业模式进行了细化调整。百度网盘虽然免费，但免费服务主要针对小文件云端传输共享，大文件云端传输共享虽可以免费使用，但上传下载速度受限，使用效果不佳，用户需要开通会员才能够提升使用体验。

百度公司十分清楚数据云端共享服务属于时代刚需，故对免费增值型商业模式进行调整，以优化商业模式运作效果。

2. 模型延伸

模型延伸是对成功商业模式某一板块的延伸开发，结合企业自身优势创造更大商业价值的方法。比如，腾讯公司在免费增值型商业模式的基础上开发了一次性付费畅玩模式，将旗下某些游戏产品的付费形式设定为一次性付费，付费完成，用户进入游戏后不再需要支付其他费用。这是腾讯公司结合自身庞大用户基数优势进行的模型延伸，这种模式为腾讯公司带来了巨大利润。

模型借鉴是当代企业家设计商业模式的好方法，能帮助企业获取更多有效信息；且因为成功商业模式经受住了市场考验，度过了市场磨合期，所以借鉴成功商业模式可以降低商业模式设计风险，提高模型构建速度。

6.4.2　模型创造

模型创造是企业家营商思维的体现，是企业家长期对商业模式进行思考引发的质变。成熟的商业模式很难在短期内打造出来，一般会经历四个关键步骤，如图 6.4-3 所示。

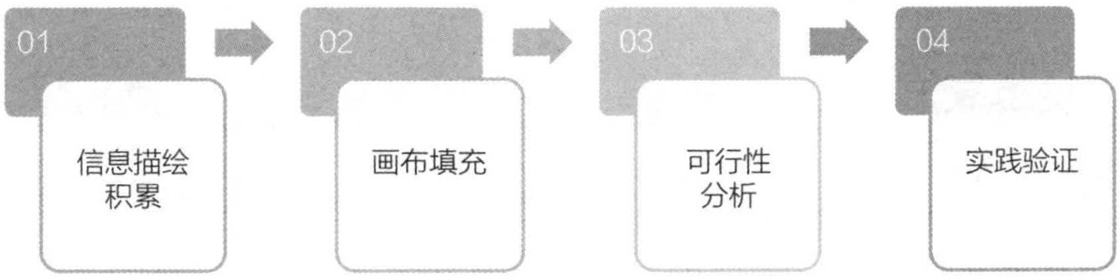

图 6.4-3　模型创造的关键步骤

1. 信息描绘积累

企业家在企业日常经营中应不断对商业模式进行思考，通过可视化展现方式构建商业模式基础元素仓库。

2. 画布填充

在一定商业逻辑下简单粗略地勾勒商业模式框架，将日常积累的信息填充到框架中。

3. 可行性分析

对商业模式模型进行财务预算、盈利能力等分析，通过数据分析得出商业模式模型的可行性分析结论。

4. 实践验证

商业模式模型通过可行性分析后，企业可以正式运营，从模型运营效果、市场反馈等信息中确定商业模式的受认可度。

上述四个步骤是模型创造的关键步骤，企业家可以对这四步进行细化、优化，以提升商业模式模型设计效果。

6.5 如何讲好商业故事

商业模式设计中不仅有严谨的商业思考、思维打磨，也有创新思路发散、延伸。想要清晰、生动地展现全套商业模式，不能单纯依靠晦涩难懂的商业语言，还需要依靠艺术形式的故事，因为商业模式本就是商业理念的表达，以故事形式展现，可以让其更生动、更具吸引力。

讲好商业故事能够清楚展现商业模式优势，便于企业家与他人深度探讨商业模式的顶层逻辑。很多故事看似浅显却蕴含了商业发展规律。

【案例拆解】

2013 年，万达创始人王健林受邀参加综艺节目《开讲啦》，节目上王健林进行了主题为“再坚持一会儿”的演讲，讲述了一个有关万达发展的小故事。

“任何成功，都是不断完善的过程，只有坚持才能得到。2000 年我们从事商业地产开发的时候，不懂规划设计，在到 2004 年这 3 年多一点的时间里，我们当了 222 回被告，打了 222 场官司。成天忙于打官司，所以业务很难开展。

“我们的同事有的都哭了，社会舆论压力很大，所以在这种情况下多少同志都劝我：‘你看咱们住宅地产做得顺风顺水的，为什么一定要搞商业地产呢？’

“在这种环境下我确实犹豫过，犹豫过多次。后来我给我自己，也给我的团队定了一个目标，做到 2005 年年底，做满 5 年。如果情况还是没有改善，我们就中断这一项目。但是就是因为在实践中的这种坚持，万达推出了第三代万达广场的设计。

上海的五角场、宁波的鄞州、北京现在的 CBD（中央商务区）这三个广场的开业以及开业后的成功，彻底坚定了我们的信心。到 2014 年年底，我们预计我们所持的物业会到达 2 300 万平方米。”

王健林通过万达的这段发展经历，证明了商业模式设计时“坚持”的重要性。这个故事表明，万达的商业模式并非简单的商业构思，而是经过市场考验、打磨的成熟模型。

【模式关键】

讲好商业故事有利于提升商业模式的价值。要讲好商业故事，企业家需要掌握几点技巧，以提升商业模式讲述效果。

1. 根据故事使用场景适当表达

不同场景有不同侧重点，介绍商业模式时需要快速勾勒商业模式雏形，让听众第一时间了解商业模式概况；推广商业模式时要突出商业模式的优点，以通俗易懂的语言描述商业模式能够解决的问题；强调商业模式价值时需要借助故事逻辑，引发听众思考，触动听众内心，引发听众产生共鸣。

2. 定位故事讲述视角

讲故事时有两种不同视角：一是从企业家角度出发，解释商业模式的内涵；二是从听众角度出发，注重增强故事感染力。企业需要根据具体情况定位故事讲述视角。

3. 故事情节注重具象描述

讲述商业故事的目的是将虚拟商业思维进行清晰呈现，使商业理念不再抽象，使听众对商业模式产生具象认知。这需要设计故事情节作为载体，比如王健林以万达商业模式转型时经历的挫折为载体，让听众明确感受到商业模式设计的不易，及万达商业模式的可贵之处。

了解了讲好商业故事的技巧，我们还需要了解讲好商业故事的方法。通过对当代优秀商业故事的分析与总结，我们可以得出优秀的商业故事一般具有讲述真相、引发听众产生联想并关联产品、制造冲突、数字化呈现四个特点，这也是讲好商业故事的四种方法。

6.5.1　讲述真相

优秀的商业故事往往可以用简短的话语体现其丰富内涵，突出商业模式的关键，并让听众迅速了解商业发展的真相。

【案例拆解】

美国有一位商人拥有一大片土地，但不知道如何使用。后来这位商人想到一个办法，商人向当地政府表明，自己愿意无偿捐献一半的土地，但希望政府将土地用于发展教育。政府欣然同意了商人的建议，在这片土地上建造了一所大学。

商人捐献的土地位于其所拥有土地的中心位置，在政府建造大学期间，商人在大学四周建起了饭店、商场、电影院等配套设施。大学正式开学后，这位商人成了当地最成功的企业家。

这个故事表达的商业模式正是免费增值型商业模式，通过故事描述，这一商业模式的价值、运用方法都得到了清晰体现，并能够引发无数联想。

【模式关键】

讲述真相不是直白地告诉听众商业模式的内涵，而是让听众通过故事清楚感受到商业模式的价值。讲述商业故事是一个引导听众与故事情节产生共鸣的过程，当听众了解了故事表达的商业模式，便可以迅速认清商业模式的价值，思考这种模式与自己的联系。

6.5.2　引发听众产生联想并关联产品

商业故事是一种商业信息传递方式，其具有生动性、连贯性、引发听众产生情感共鸣等特点。在商业故事引导下听众更容易发散思维，发现自身需求，关联企业产品。

让听众通过商业故事关联企业产品其实并不难，只需要企业家把故事当作连接产品与听众的桥梁即可。

【案例拆解】

罗永浩虽然经历了创业失败，但其讲故事能力被大众认可。最初研发锤子手机时，罗永浩向大众讲述了一个关于智能手机发展趋势的故事，无数人被其描述的未来吸引，锤子手机一经上市便登上京东智能手机排行榜前三名。

虽然后来罗永浩经历了惨痛失败，但喜欢听他讲故事的人并没有减少。

从罗永浩近年来的“带货”方式中可以看出，罗永浩讲述的故事不仅能引发听众产生情感共鸣，还可以使听众迅速关联其所推荐的产品，这正是好商业故事的例子。

【模式关键】

通过商业故事引发听众产生联想，使其关联企业产品并不难。企业家只需要清楚听众的特点，根据产品使用场景描述一个解决这一群体痛点的故事即可。企业家通过这种方式可以迅速与听众建立联系，发现其潜在需求，强化产品推广效果。

6.5.3 制造冲突

故事情节跌宕起伏才能够牵动听众内心，商业故事更是如此。如果没有冲突，商业故事很难体现出价值。

制造商业故事冲突的方法十分简单，强化听众痛点后，突出商业元素解决用户痛点的方法与效果，即可让听众产生较大触动。这种方式既可以提升故事背后的商业模式的价值，又能够提升故事讲述效果。

制造商业故事冲突需要注意两个重点：一是不能直白地描述痛点，而要在特定场景下讲述故事经过，这种方式能够牵动听众内心；二是借助痛点突出企业优势，引导听众主动与企业产生联系。

只要企业能解决客户痛点，客户就会一直支持企业。

6.5.4　数字化呈现

在数字时代，借助数字化呈现方式提升商业故事讲述效果，是商业模式设计的有效方法。在数字化呈现方式下，企业商业模式运营效率、优点，以及未来价值得以清楚体现，这也是优秀商业故事一般具有数字化特点的原因。

【案例拆解】

2021 年上半年，在新零售商业模式引导下，我国社会消费品零售总额达到了 211 904 亿元，同比增长 23.0%，两年平均增速为 4.4%。这些数据充分说明新零售商业模式对社会消费品行业发展产生了良性影响，这一商业模式将继续扩大作用范围，促进我国经济持续增长。

数字化呈现方式相比其他方式更具说服力，因为数据能够直观描述具体效果，体现商业模式价值。

【模式关键】

商业故事数字化呈现技巧如图 6.5-1 所示。

图 6.5-1　商业故事数字化呈现技巧

1. 首尾数据对比

通过故事开篇数据与结尾数据对比，突出数据变化，进而强调商业模式运营效果。

2. 结尾数据突出

某些商业故事中的数据主要集中在故事结尾，借助这些数据可以强化商业模式运营效果。通常结尾数据越全面、越精确，商业故事讲述效果越突出。

3. 关键数据描述

故事讲解中需要重点突出与商业成就有关的数据，比如强调做出某项成绩的难度，明确数据代表的意义等。这些方法可以增强商业故事的感染力、真实性。

6.6　如何进行场景化设计

商业模式设计的最后一步是场景化设计。所谓场景化设计，是将商业模式未来应用环境、服务群体、所解决痛点等信息进行具体呈现，并将其转变为可执行的内容。通过场景化设计，企业家可以提前熟悉商业模式运营流程，以及商业模式即将面临的市场竞争，以加速商业模式落地。

企业家对商业模式进行场景化设计之前需要明确一个重点，即场景化设计是站在市场角度、客户角度进行思考，而不是提前设想的商业模式应用场景。站在市场角度、客户角度思考商业模式落地后，客户可以获得哪些不同感受、解决哪些问题，明确这些信息有助于企业家继续创新，完善商业模式。

6.6.1　什么是优秀的场景化设计

优秀的场景化设计可以提升商业模式运营效果，即促进客户消费，全面体现商业模式价值。

【案例拆解】

元气森林是一家 2016 年创立的创新型饮品企业，这家企业迅速崛起正是因为其商业模式的场景化设计较为突出。

元气森林最初定位于碳酸饮料市场，在展开产品营销之前元气森林通过数据分析得到了一个结论，即现代碳酸饮料客户主要为年轻男性，虽然大部分女性也喜欢喝碳酸饮料，但过高的糖分与脂肪含量让很多年轻女性放弃喝碳酸饮料。

面对这一消费场景，元气森林开始思考如何解决女性客户痛点，如何优化自身商业模式。最终，元气森林推出了气泡水，加之产品包装选择了小清新风格，迅速成为年轻女性喜欢的碳酸饮料品牌。

从元气森林的商业模式可以看出，场景化设计主要针对客户需求，是商业模式与客户产生紧密联系的关键步骤。通过场景化设计，企业可以发现商业模式面临的市场问题，提前进行商业模式调整，降低商业模式落地风险。

【模式关键】

优秀的场景化设计需要企业家全方位考虑客户消费场景，列出场景要素，思考消费趋势转变的可能性。企业家需要针对商业模式与市场匹配情况进行深度思考，之后按照以下三个步骤进行消费场景分析，如图 6.6-1 所示。

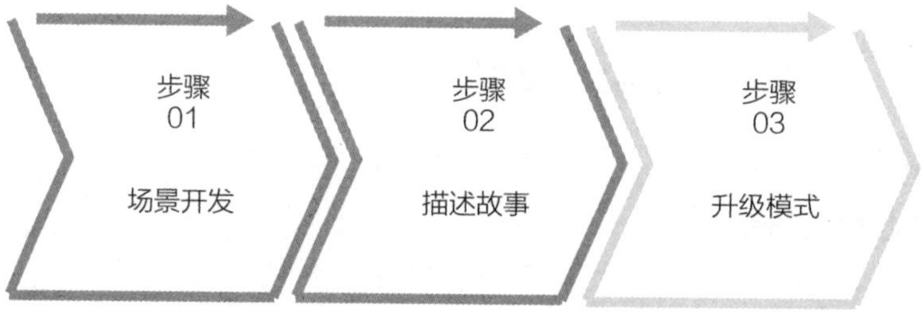

图 6.6-1　场景化设计关键的三步

1. 场景开发

根据商业模式设计维度全面搜集商业模式落地相关信息，如主要客户群体、客户消费习惯、针对的痛点、产品优势等，在全面搜集信息后进行消费场景开发。

2. 描述故事

在基础场景内描述一个消费故事，构思合理的故事情节，以明确商业模式落地过程中可能存在的问题。

3. 升级模式

针对故事中可能出现的合理情节采取应对措施，完善或调整商业模式，确保商业模式以最佳形态落地。

通过这三步的设计，企业商业模式可以更贴近客户需求，商业模式运营效果能得到保障。

6.6.2 场景化设计的四个方法

当代市场中场景化设计的方法十分丰富，且不同方法适用于不同企业及不同商业模式。下面介绍当代市场中常见的四种场景化设计方法。

1. 触点式场景设计法

企业进行消费场景设计很难做到面面俱到，但一定要明确商业模式落地的市场触点。市场触点是指影响客户行为的商业元素，比如在以低价产品为特点的商业模式中，“低价”便是市场触点。

企业应用触点式场景设计法需要明确两点：一是市场触点是否可以产生较明显的市场效应，效应越明显证明商业模式接触市场的人群越多，商业模式发展潜力越大；二是市场触点带给客户怎样的消费体验，能否使客户产生沉浸式消费体验决定了应用这一方法的效果。

把握住能够产生较明显的市场效应，带给客户沉浸式消费体验的市场触点后，企业可以设计出更真实、更全面的消费场景，商业模式能更为顺畅地落地。

2. 决策式场景设计法

当商业模式应用于市场后，客户面临是否消费对应产品的抉择，其最终决策决定了商业模式设计是否合格。在商业模式落地后，企业家可以继续思考商业模式能够为客户带来哪些利益点，这些利益点是影响客户行为的关键。

决策式场景设计法下，要针对市场利益点、客户利益点模拟消费场景，在这一场景下，企业商业模式价值的高低可以清楚地被展现出来。

3. 引导式场景设计法

企业在设计商业模式时，要考虑然该模式是否具备一定消费引导作用，通过消费场景预演捕捉客户潜在需求与关注点，同时根据消费场景思考客户群体消费习惯的变化，然后营造出运营效果更突出的消费场景，这种方法便是引导式场景设计法。通过引导式场景设计法，企业商业模式的持久性与生命力会明显增强。

4. 强化式场景设计法

强化式场景设计法是将客户消费意识、消费欲望强化、放大的场景设计方法。这一方法需要企业根据客户群体真实需求、消费意识进行场景定制，使消费场景与客户使用情景对应，以此影响客户的消费决策与消费行为。通过强化式场景设计法，企业能够强化商业模式的运营效果。

企业进行的场景化设计越丰富，商业模式架构越稳定，落地过程越顺畅。盲目设计出来的商业模式很难符合市场需求。因为商业模式设计是一个系统工程，企业不能仅从自我表达层面出发，而应该多思考商业模式实际应用效果，以及实践中可能出现的问题。这样设计出来的商业模式更合理，进而促使企业的优势更明显。

第 7 章 商业模式的资本模式设计

在合理的商业模式下，企业可以利用各种商业资源增加自身利益，促进自身发展。企业的可用商业资源非常广泛，资本是其中一项重要资源。企业利用市场法则，通过资本运作可以实现资本增值、效益增长。高效的资本运作可以优化企业内部结构、外部资源等。

7.1 企业资本模式设计的前提与准备

企业资本模式设计是企业开展资本谋划、决策、投资、管理等活动的关键。资本模式设计需要企业全面掌握市场资本运营规律，结合自身商业模式实现资本运营利益最大化。

这项考验当代企业家营商经验与能力的技能，涉及企业发展战略、资本循环原理等多层面内容。企业家应认清企业特点，从当代成熟企业的资本模式中汲取成功经验，提升资本模式设计能力。

7.1.1 企业资金战略

企业资本模式是商业模式价值的重要体现。不同企业拥有不同资本模式设计方法，但资本模式设计都离不开企业资金运作，当代企业的资金运作方式十分丰富。企业资金战略总体可以分为两种类型，如图 7.1-1 和图 7.1-2 所示。

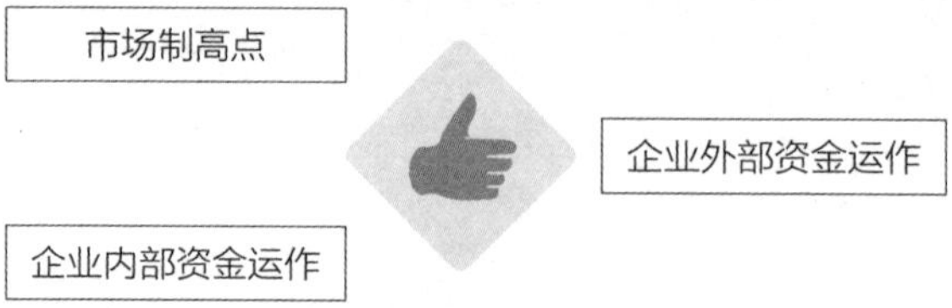

图 7.1-1 跳跃式战略

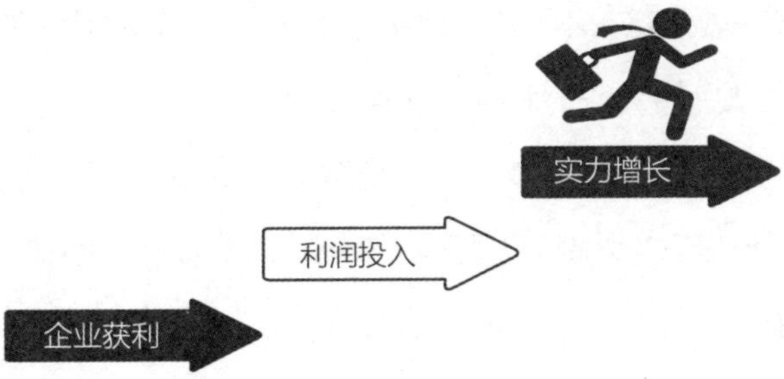

图 7.1-2　阶梯式战略

跳跃式战略是一种风险大、回报高的战略发展模式。在这一战略下，企业借助资本力量通过资产并购等方式提升企业资本实力，加速抢占市场制高点。阶梯式战略是大多数中小企业现行的发展战略，常见于生产企业。在这一战略下，企业将运营利润不断用于扩大生产规模与提高市场占有率，加速企业发展。这两种战略各有利弊，对应的资本模式也存在差别，当代企业可以根据自身情况及行业动态进行选择。

阶梯式战略具有自主性强、可控性强、风险低等优点。采用这类战略的企业可以实时把控发展速度，根据实际情况调整资金运营方式。由于外界干扰因素较少，企业出现经营问题、资金问题时会及时得到反馈，所以企业遇到的致命风险较少。不过采用阶梯式战略的企业发展速度相对平稳，如果不改变资金运作模式，很难在短时间内进入高速发展状态，同时企业还需要应对运营系统风险与市场竞争风险。

运营系统风险不仅包含企业内部运营风险，还包含外部环境风险。运营系统风险是采用阶梯式战略的企业需要长期应对的风险。伴随企业发展，运营系统需要不断升级，否则一旦运营出现不畅或纰漏，企业产业链将遭遇各种风险。外部环境风险是指市场多变带来的风险。例如，2020 年新冠肺炎疫情席卷全球，无数采取阶梯式战略的企业因市场停滞而终止运营，大量资本基础薄弱的中小企业被淘汰。

除运营系统风险外，采用阶梯式战略的企业还需要应对市场竞争风险。由于阶梯式战略模式单一、战略壁垒薄弱、可复制性强，所以采用这一战略的企业的发展很容易被市场竞争影响。

市场竞争风险主要分为两种。一是大企业带来“质”的风险，即实力雄厚的大企业通过技术研发、创新升级同类产品，小企业如果不及时随之升级，很容易被市场淘汰。二是小企业带来“量”的风险，企业资金运作模式如果过于简单，很容易被其他企业复制。尤其在企业资金运作获利丰厚的阶段，市场中会涌现大量模仿企业，模仿企业会不断抢占市场，当模仿企业数量增加到一定程度时，企业会出现生存危机。

跳跃式战略的优缺点与阶梯式战略正好相反。采用跳跃式战略的企业不仅运用企业内部资金，还会借助外部力量，同时利用财务杠杆实现企业价值最大化、发展最大化。采取跳跃式战略的企业往往有较重的债务负担，企业运营风险倍增。当然，这类企业的资金运作能力、发展速度会成倍提升，利润空间也会成倍扩大。

相比采用阶梯式战略的企业，采用跳跃式战略的企业需要应对的系统风险与市场竞争风险较小，因为这类企业可用资金较多，产业链完善、升级速度更快，运营系统更稳固。同时，这类企业可以通过大量可用资金打造技术优势、系统优势，创造战略壁垒，其所承担的市场竞争风险随之降低。

不过，这类企业需要承担较大的市场环境变动风险及资本运作意外风险。这类企业通常有较多的长期负债，一旦市场环境发生变动，企业资金周转不畅便容易遭遇致命打击；或者企业经营过程中资金链出现意外状况，企业也容易出大问题。由此可见，采取跳跃式战略的企业虽然应对的风险较少，但风险程度较大。

总体而言，现代市场中以实体产品生产为主的中小企业大部分采用阶梯式战略，而以资金运作为主的大型企业大多采用跳跃式战略。不过现代企业想要成为行业头部企业，都绕不开资金运作，因为再强势的实体产业也需要通过资金运作提升自身发展速度与发展成果。

目前，市场上存在很多没有实体产业，单纯依靠跳跃式战略发展的企业。这类企业甚至不生产任何产品，仅依靠商业模式运作、资本模式运作便可以获利，并且发展得较好。

【案例拆解】

甲企业为采用跳跃式战略的企业，甲企业观察到乙企业产品质量突出，但销售情况一般，同时又观察到丙企业产品品质一般，但市场规模庞大。这时甲企业以市场吸引乙企业以低价方式进行合作，同时又以低价产品吸引丙企业以代销平分利润的模式进行合作。这时甲企业就成了三者中最大的受益者，不过甲企业需要承担来自乙、丙双方的风险。

假如甲企业为实体生产企业，自身产品品质高、技术水平高，但市场规模较小。这时甲企业发现乙企业产品品质一般，但市场规模较大，于是采用融资、借贷等方式筹集资金，并购乙企业，并购之后甲企业产业链运营效率翻倍，这也属于跳跃式战略。

跳跃式战略的重点不是开展营销，而是运作资金或实体产业。采用跳跃式战略的企业主要的工作内容为项目运作、资产评估、融资借贷、商业模式设计、项目包装等。通过这些方式，企业可以获得更多资源，获得更好、更快的发展。

2020 年，我国商业市场中采用跳跃式战略的企业的发展效果极为显著。其中，大型企业的资金运营方式值得关注。

2020 年 10 月，阿里巴巴正式宣布淘宝中国拟以 280 亿港元购买吉鑫控股有限公司 70.94% 的股权。交易完成后阿里巴巴成为吉鑫控股有限公司最大的控股股东。这次交易是阿里巴巴在新零售市场进行的规模最大的并购交易。那么，处于国内新零售领先地位的阿里巴巴为何要斥巨资进行此次并购呢？这是因为阿里巴巴看中了吉鑫控股有限公司旗下的高鑫零售在“互联网＋商超”领域的市场份额。

高鑫零售原本由法国欧尚集团控股，法国欧尚集团是法国第二大以经营零售业为主的商业集团。高鑫零售在其控股期间在全球范围内开设了数千家零售店，之后法国欧尚集团将51%的股权出售给吉鑫控股有限公司。所以完成吉鑫控股有限公司的股权并购后，阿里巴巴连同其关联方便可以持有高鑫零售约72%的股权。

高鑫零售将大润发中国的业务与欧尚中国的业务打包联合上市，在阿里巴巴完成此次并购后，法国欧尚集团将退出中国市场，欧尚中国的业务及所有权益均归阿里巴巴所有。这代表阿里巴巴在新零售领域具备了强大的布局能力，“互联网＋商超”领域格局也将因此发生巨大变化。

阿里巴巴并购吉鑫控股有限公司70.94%股权的行为，是2020年我国商业市场中非常有影响力的并购行为，这反映了阿里巴巴采用了跳跃式战略。

【模式关键】

企业资金运作三要素为时间、空间和资本实力，如图7.1-3所示。

图7.1-3　企业资金运作三要素

1. 时间

时间主要表现为企业超前的发展眼光，提前布局资金战略。比如，阿里巴巴早在 2016 年便看到了“电商最终发展成新零售”的趋势，所以随后进行了大量资金战略调整，以抢占新零售市场先机。

2. 空间

空间主要表现为市场份额与竞争空间。企业抢占商业先机后要不断获取市场空间优势，在短时间内打好发展基础与竞争基础，以此降低资金运作风险。

3. 资本实力

商业市场中，在时间与空间相同的情况下，资本实力过硬的企业可以获得更多战略主动权。资金充足有利于企业获取竞争优势，企业有更强的机动性与更多选择权，资金运营效果自然更好。

通过上述分析可以得出，现代企业无论当前实行哪种资金战略，最终将回归跳跃式战略。因为这种战略更符合现代商业市场运营逻辑，其代表企业竞争、企业资金运营竞争的高水平阶段。

7.1.2　企业资金循环

现代企业的资金循环主要分为两种模式：一是以产品运营为主的正向循环，如图 7.1-4 所示；二是以资金运作为主的逆向循环，如图 7.1-5 所示。两种循环看似方向相反，但彼此并不冲突，且可以同时存在。

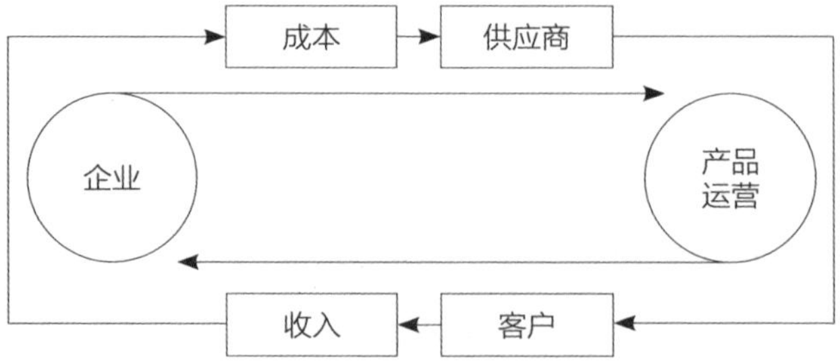

图 7.1-4　企业资金正向循环

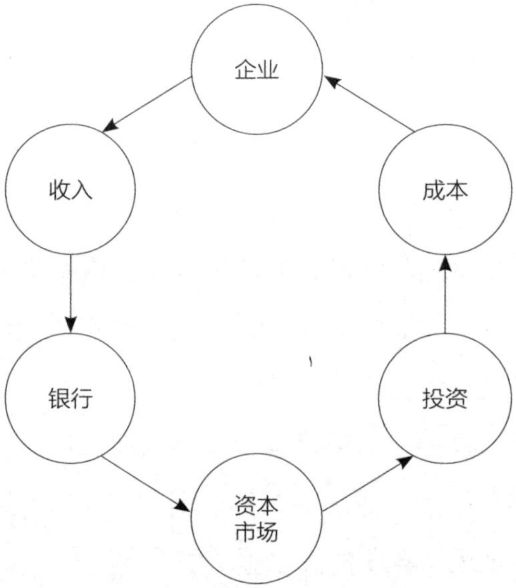

图 7.1-5　企业资金逆向循环

资金正向循环的企业，资金先以成本形式流向供应商，供应商通过运营让产品触达客户，之后产生利润，这些利润以收入形式流回企业。资金逆向循环的企业将各类收入投资到银行等金融机构，银行等金融机构将资金注入资本市场，进行各种投资活动，投资产生的各种成本又会进入企业循环。这类企业的资金循环不仅取决于商业模式设计，而且受资本市场环境影响非常大。

资金正向循环的企业大多为实体经营企业，资金逆向循环的企业多为资金运作企业。两者虽然形式不同但可以同时存在，即一家企业的资金既可以正向循环也可以逆向循环，但两种循环不能相互干扰。

【案例拆解】

A 企业是上海一家鞋类生产企业，企业主体产业链是运动鞋生产。日常经营中，A 企业采购部定期向原料供应商 B 企业进购材料，材料购进后 A 企业通过设计、加工、生产制作各种运动鞋，之后将其发往全国各地的销售点销售获取利润。销售完成后，各销售点将销售收入统一汇入 A 企业账户，A 企业财务部门定期编制财务报表，财务报表可以清楚体现 A 企业经营情况。

A 企业发展一段时间后，企业董事长决定进行资本运作，经过董事会开会决定，将企业部分可用资金用于投资新兴科技产业。在 C 银行牵头下 A 企业向某新型科技企业投资 500 万元，A 企业财务总监负责投资项目管理与运营，被投资企业发展壮大后，A 企业实现持续获利。

上述案例反映了当代企业经营发展的主要模式，A 企业的资金循环方式正是企业资金循环的主流模式。

【模式关键】

从经营角度分析，资金正向循环主要涉及企业产业链正常运营等问题，资金逆向循环主要涉及资金资产、外部债权债务等问题。一般企业资金正向循环只需要企业管理层负责即可，但资金逆向循环需要企业最高领导层负责。

从财务角度分析，资金正向循环涉及企业财务部门、仓储运输部门、生产部门与销售部门，但资金逆向循环则需要由企业董事长、核心领导层及财务主管负责。资金正向循环影响企业运营效果，资金逆向循环影响企业的生存根本。

资金正向循环出现问题时，企业可以通过银行短期周转贷款盘活流动资金。资金逆向循环出现问题时，企业则需要寻求外部融资、大额抵押贷款等，通过吸纳大量长期投资、股本金解决资金逆向循环问题。

企业家清楚资金循环的两个方向才能够有效控制资金流动速度与流动效果，这是企业健康发展的关键。目前，市场中存在很多不清楚资金循环方向的企业，这类企业容易犯一个致命错误，即将正向循环的资金置于逆向循环中运作。这种行为很容易导致企业正向循环的资金链断裂，伤及产业链根本，进而导致企业在资金逆向循环中无法获取投资，最终走向倒闭。

总体而言，企业逆向循环的资金可以调用到正向循环内，但正向循环的资金不能向逆向循环内转移。因为企业资金正向循环一旦出现问题，很容易影响资金逆向循环中的投资项目，对企业运营造成严重伤害，甚至危及企业生命。所以，当代企业家需要牢记这一资金运作原则，确保企业健康发展。

7.1.3 认清自身，把控资源

要设计出成功的资本模式，企业不仅需要了解资金战略与资金循环方式，还需要认清自身实力，全面把控外部资源。

企业进行资本模式设计之前需要明确以下几个问题。

（1）企业目前使用哪种资金战略？

（2）企业内部资金如何循环？

（3）企业现有资金是多少？

（4）企业现有资产市值是多少？

（5）企业拥有哪些资源？

这五个问题当中，明确第一个与第二个问题可以确保企业资本模式设计具有正确基础，明确后三个问题可以确保资本模式设计方向正确、效果显著。下面重点分析企业资金、企业资产、企业资源对资本模式设计的影响。

1. 企业资金

企业资金规模决定企业资本模式对应的投资渠道。比如，企业现有可用资金数目不多，这时可以考虑二级市场投资、天使投资和风险投资。二级市场投资是中小企业的不错选择，因为投资二级市场的过程中，资金依然在企业账户上，盈利与亏损情况一目了然。进行天使投资或风险投资时，企业需要承担更高风险。

如果企业有大量可用资金，或者可以调用大量资金，则可以根据实际发展情况并购其他企业。并购有利于企业的长远发展，产生的盈利更加可观，但同时企业承担的风险更大。

2. 企业资产

企业资产规模决定企业基本实力。企业开展资本模式设计时需要根据基本实力、运营情况进行合理把控，只有当模式与实力匹配时，资本模式才能产生价值放大效果。

3. 企业资源

企业资源主要分为人力资源与技术资源。人力资源虽然与企业资本模式设计没有直接关系，但人力资源是企业并购过程中涉及的关键资源，人力资源情况会影响企业并购效果。

技术资源是指企业现有技术专利，以及企业的研发创新能力。技术资源同样是企业并购过程中涉及的资源，这一资源会影响并购后企业的发展与长远利益。

企业设计资本模式时，需要站在长远角度思考企业长期盈利问题。以投机心理盲目进行资本模式设计很容易给企业带来损失。了解自身情况后，再进行资本模式设计，无论企业规模、实力如何，都可以获得良好的资金运作效果。

企业了解自身情况后，还需要充分把控外部资源。按照资源属性对外部资源进行分类时，企业需要把握以下几个“度”。

1. 资金布局广度

企业资金布局必须具备广度，虽然这不能直接提升资金运作价值，但可以为企业减少不必要的损失。合理的企业资金布局广度有助于产业发展。比如，企业拓展资金运用范围有助于了解产业链相关市场运营情况，根据实际运营数据调整产业发展战略，提升产业发展速度与效果。

企业运作资金前对市场广度要有充分了解。比如，企业准备在某个领域进行投资，先要了解这一领域各企业的资金运作情况，向优秀企业学习资金运作经验。如果企业资金有限，则可以思考这一领域可以细分为哪些关键领域，这些关键领域的投资风险如何。

企业拥有哪些资金获取渠道，可调用资金额度的上限与下限，企业出现资金运作危机时可以采取哪些解决方案，企业资金运作后利润如何分配等，清楚了解上述信息，企业资金运作、资本模式设计会更加高效。

2. 产业深度

对产业深度不了解的企业不建议进行资金运作，因为产业是企业发展的根本，会影响企业资金的稳定性与实力。

企业应该了解目标市场的产业深度，比如目标市场资本增长的持续时间，目标市场包含多少关键产业，各产业之间有着怎样的制约关系。清楚市场产业逻辑，企业资金运营才能取得良好效果。

例如，2020 年 11 月，百度集团（以下简称“百度”）用 36 亿美元全资收购欢聚集团国内直播业务（YY 直播），收购内容主要包括移动应用、网站、PC 客户端等。百度在进行这项资金运作活动之前，对自媒体市场的产业进行了深度调研，发现抖音、快手等平台已经覆盖全部市场，虎牙、斗鱼等平台产业专注度过高，只有 YY 直播生态与百度最为契合。完成收购后百度不仅可以顺利进入直播市场，还能在技术、流量等多方面实现双向赋能。这次资金运营令百度得以紧跟自媒体发展潮流，且长远受益。

3. 准确度

准确度是指资金运作焦点。企业进行资本模式设计之前需要准确定位资金运作的平台。比如企业决定进行天使投资前，不仅要了解所投资企业的信息，还要了解资本使用信息，即所投资企业处于哪一发展阶段，投资会用于哪些领域，前期、后期风险如何。只有准确定位资金运作焦点，才能够确保资金运作取得良好效果。

4. 力度

力度是指资金运作程度。比如针对风险小且回报高的项目，企业可以采用并购方式进行资金运作。阿里巴巴并购吉鑫控股有限公司 70.94% 的股权便属于大力度资金运作案例。对于规模小但风险高的项目，企业可以适当降低资金运作力度，以此降低资金运作风险。

5. 气度

气度首先表现为共享利益。企业进行资金运作需要调用大量外部资源，资金运作获利后企业不能独占利益，而要及时共享利益。因为企业资金运作期间，资金提供者也同样承担风险，企业需要合理分配利益，否则企业资金调用能力将大幅下降。

企业资金运作获利后，企业内部相关人员也应共享利益。因为企业资金运营需要企业团队支撑。比如企业实施并购时，会用到人才资源与技术资源，顺利完成并购后企业需要对人才与技术部门给予奖励。

另外，气度还表现为企业家的宽容。资金运作必然面临风险，企业资金运营也容易失败，使企业遭受损失，甚至影响企业健康发展。面对这种情况，企业家需要表现出宽容态度。对内，对团队宽容，及时安慰团队，确保团队可以完成后续资金运作项目；对外，对合作伙伴宽容，资金运营期间合作伙伴为降低自身风险可能会采取一些意想不到的行为，企业家对这种行为应当表示理解，无须产生敌对、仇视心理。

企业设计资本模式是一个系统且细致的过程，目的为利润最大化、资本增值最大化。这关系到企业内部资金、外部资金调用能力，以及企业实力及资金运营经验等。所以，企业设计资本模式之前需要对自身有清楚、透彻的认知，同时全面了解市场资源。只有做好这些准备，企业才能够充分发挥有形及无形资产的作用，通过横向联合、纵向运用实现资金在更大范围内流动，优化企业内外部资源配置，提升竞争力，扩大规模，逐步向市场前沿迈进。

7.1.4 资本运作的三个成功案例

资本运作是企业实现资本增值的主要方式。资本运作模式多种多样，涉及企业生产、资本流通等层面。在我国市场中，存在证券交易、产权交易、金融活动等资本运作模式，无数企业通过资本运作获得巨大发展优势，实现快速发展。

案例 1：京东方以 121.17 亿元收购中电熊猫南京和成都两条生产线。

2020 年 9 月，京东方官方公布，决定以 121.17 亿元收购中电熊猫南京和成都两条生产线。从企业发展角度分析，京东方收购中电熊猫，为自身发展成半导体显示行业全球产能第一的企业奠定了基础。

京东方官方数据显示，这次收购活动中京东方拟以不低于挂牌价的价格收购南京中电熊猫平板显示科技有限公司 80.83% 的股权，以不低于评估价的价格收购成都中电熊猫显示科技有限公司 51% 的股权。完成收购后京东方将成为两家公司的实际控制人，京东方为此次收购项目准备了不超过 140 亿元的担保。

2020 年 11 月，京东方获得中电熊猫两条生产线的最终受让权，收购活动顺利完成。

在本次收购活动之前，中电熊猫母公司南京华东电子信息科技股份有限公司受行业格局变动影响，已连续两年亏损，公司股票被实施退市风险警示，公司发展出现巨大危机。在这种背景下，南京华东电子信息科技股份有限公司决定通过资产重组方式退出液晶面板行业，未来将专注于智能显示终端领域，借此摆脱现有困境，实现全面转型。

对于南京华东电子信息科技股份有限公司而言，出售液晶面板生产线是企业改变被动发展局势的唯一出路。但对于京东方而言，这一资本运作举措可以提升自身市场地位，改变行业市场格局。

121.17 亿元是一个庞大的数字，进行如此巨大的资本运作项目，京东方能够得到怎样的回报？首先，京东方通过收购中电熊猫这两条生产线，在短时间内扩展了两条技术高端、设备先进的生产线，自身生产水平全面提升。其次，完成收购后京东方产能面积达到 0.65 亿平方米，跃居世界第一。再次，完成本次收购后，京东方在全球半导体显示市场的份额从 22% 左右提升到 28% 左右，位列全球第一。最后，通过本次收购活动，京东方完成了产业链集群，完善了产品、产线体系，增强了技术能力，丰富了产品组合类型，进而提升了市场竞争力。

各项数据证明京东方在此次收购活动中获取的收益远远超过 121.17 亿元，自身发展提速效果显著。

案例 2：高瓴资本的资本运作。

资本运作不只是企业实现自身增值、发展加速的有效方式，甚至可以成为企业主要产业。当代商业市场中以资本运作为主要产业的企业不在少数，其资本运作效果影响着商业市场整体格局。

当代知名资本运作企业中，高瓴资本是一家值得我国企业家重视的企业。从 2005 年开始，高瓴资本开始在中国市场进行一系列资本运作，这家企业的资本活动对我国商业发展产生了深远影响。

2005 年，高瓴资本看到了我国互联网市场的巨大潜力，将投资目标定为当时市值不足 20 亿美元的腾讯。当时高瓴资本为腾讯投资近 2 000 万美元。16 年后，腾讯市值为 9 145.89 亿美元，增长了 450 多倍，这是高瓴资本在中国市场资本运作成功的第一步。

2010 年，高瓴资本投资 4 500 万美元给蓝月亮集团，并于 2011 年追加投资 103 万美元。2020 年，蓝月亮集团正式上市，高瓴资本用 10 年时间让 4 500 万美元的投资增长 20 倍，并助力蓝月亮集团发展成为我国市值最高的日化公司。

同样是 2010 年，京东进行重大资产重组，在无人看好京东未来的情形下，高瓴资本拒绝了京东 7 500 万美元的投资要求，而是投资了 3 亿美元。4 年后，高瓴资本的账面回报率高达 1 300%。

2019 年，滔搏运动在中国香港成功上市，这家公司市值一度突破 600 亿港元，而这家公司背后最大的受益股东正是高瓴资本。

2019 年，高瓴资本凭借持有 15% 股权成了格力电器第一大股东，2021 年格力集团市值增长到 2 190 亿元，高瓴资本收获颇丰。

2020 年，电商品牌良品铺子在 A 股上市，市值在该日收盘时达到 261.73 亿元，投资近 8 亿元的高瓴资本成为良品铺子上市背后的最大赢家。

2021 年，高瓴资本以 340 亿元收购了飞利浦旗下家电业务及 15 年品牌使用权。此次收购完成后，高瓴资本开始改变我国家电行业市场格局，而获得投资的飞利浦顺利转型为健康服务公司，在健康科技领域地位不断提升。

截至 2022 年，高瓴资本通过资本运作在中国市场获得了上千亿元的回报，对中国市场产生巨大促进作用。从高瓴资本的发展中可以看出，资本运作是企业发展的巨大动力。

案例 3：腾讯音乐娱乐集团的资本运作之路。

腾讯音乐娱乐集团是腾讯旗下企业，这家企业是国内最大的互联网音乐企业，其业务范围、市场布局十分广泛。腾讯音乐娱乐集团通过资本运作，收购了酷狗、酷我、全民 K 歌等互联网音乐市场前沿企业的大部分股份。

自 2016 年腾讯音乐娱乐集团成立以来，这家企业就采取了通过资本运作不断占领市场的发展策略。只要行业中出现头部企业，腾讯音乐娱乐集团便将其列为投资布局的首要对象，正是这种发展策略让腾讯音乐娱乐集团逐渐占据了市场主导地位。

与其他企业不同，腾讯音乐娱乐集团的资本运作方式主要为开放合作，其目的是为互联网音乐用户提供一个百花齐放的音乐平台。简而言之，腾讯音乐娱乐集团通过资本运作在互联网音乐领域构建起自由生态。

纵观腾讯音乐娱乐集团的发展之路，其每一次升级都与资本运作有紧密关系。2020 年 3 月，腾讯音乐娱乐集团正式宣布，集团已经完成对环球音乐集团 10% 股权的收购交易。这次交易金额约为 30 亿欧元，通过这次股权交易，腾讯音乐娱乐集团与环球音乐集团达成战略合作关系。腾讯音乐娱乐集团借助环球音乐集团对用户的强大洞察能力增强自身品牌宣传能力，进一步巩固自身在我国音乐市场的主导地位，并加强我国互联网音乐产业数字化发展能力。

2020 年 12 月，腾讯音乐娱乐集团与猫眼娱乐就音乐版权授权合作达成一致意向，双方就共同开拓我国影视音乐产业市场展开深度合作，合作内容包括音乐作品、录音制品、录像制品及电影作品等。此后，猫眼娱乐将向腾讯音乐娱乐集团授权其拥有的音乐版权，腾讯音乐娱乐集团需要向猫眼娱乐支付版权使用费。据腾讯音乐娱乐集团公布，双方合作时间截至2022年年底，期间腾讯音乐娱乐集团分别向猫眼娱乐支付1 000万元（2020年16天时间内音乐版权使用费）、2 500万元（2021年全年音乐版权使用费）、3 000万元（2022年全年音乐版权使用费），总计6 500万元。猫眼娱乐为腾讯音乐娱乐集团提供了丰富的音乐资源，为其后续市场布局提供了重要支撑。

2021年年初，腾讯音乐娱乐集团又宣布与懒人听书全部股东达成最终协议，其从阅文集团、懒人听书管理团队以及其他财务投资者等股东处收购懒人听书100%的股权。收购完成后，懒人听书以腾讯音乐娱乐集团整体长音频战略部门身份保持独立运营，腾讯音乐娱乐集团同时向懒人听书开放内部生态与各种资源。

不过与其他资本运作项目相比，腾讯音乐娱乐集团收购懒人听书并不是提前策划的战略活动，而是出于自身发展战略调整的需要。在收购懒人听书之前，腾讯音乐娱乐集团于2020年年初发布了长音频战略项目，并借助酷我平台推出了“酷我畅听”长音频产品。随后其以高价在各平台签约一批头部主播，并与阅文、纵横中文等平台达成合作，掌握了这些平台的头部IP（知识产权）。

虽然投入了巨大成本，但腾讯音乐娱乐集团长音频战略项目的发展速度并不理想。这时腾讯音乐娱乐集团把资本运作目标瞄准了平台成熟、用户规模庞大的懒人听书，以此提高长音频战略项目的市场覆盖率。

腾讯音乐娱乐集团创立时间比酷我、酷狗等互联网音乐企业晚10余年，却在短短5年时间内掌控了互联网音乐市场主导权，靠的正是资本运作。腾讯音乐娱乐集团的资本运作效果十分显著，一家新锐企业短时间内收购众多企业，进而掌握互联网音乐市场主导权，这就是现代成功企业资本运作的力量。

7.2　资本模式设计的原则和风险

企业资本运作的目的是利用一切可用资源，有效结合市场法则，通过资本运作达到资本创利最大化的目标。追求利益与发展是企业资本模式设计的初衷，资本模式设计必须遵循基本原则，企业也要承担相应风险。只有遵守正确的原则，提前规避风险，资本模式才能发挥良好的效果。

7.2.1　资本模式设计的三大原则

资本运作是现代企业运营发展的主要方式，但对有限责任公司而言，资本运作很容易导致债权人权益受损，出现商业市场资本运作乱象。为优化商业市场资本运作环境，保障资本交易安全，《中华人民共和国公司法》（以下简称《公司法》）就企业资本运作设定了三大原则，如图 7.2-1 所示。这三大原则可以有效调节企业利益与债权人权益，也有助于优化商业市场资本运作环境。

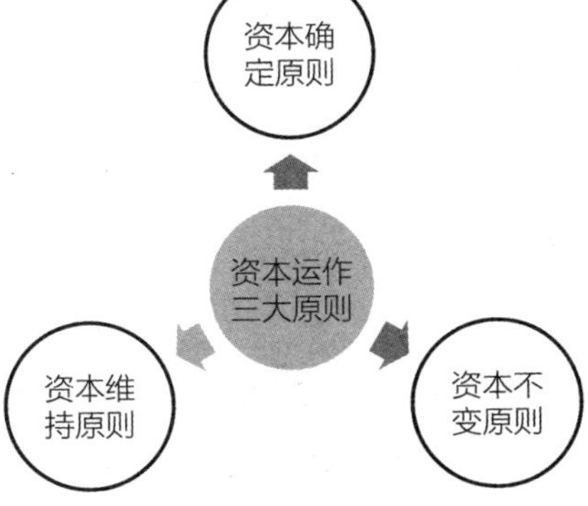

图 7.2-1　资本运作三大原则

1. 资本确定原则

资本确定原则又称法定资本制，是指企业资本总额在企业设立时应由企业全部股东认足或募足，并按期缴纳，同时要在企业章程中明确记录，否则企业不能成立。

设定这一原则的初衷是确保企业资本真实可靠，即使新修订的《公司法》对资本确定原则的规定已经适当放宽，这一原则依然是我国企业应遵守的基础原则。

2. 资本维持原则

资本维持原则又叫资本充实原则，是指企业存续过程中需要维持资本总额与企业资产的平衡。这一原则的目的是防止企业资本实质性减少，确保企业保持良好的偿债能力，维护资本运营市场整体环境。对此，《公司法》做出了以下明确规定。

第二十七条　股东可以用货币出资，也可以用实物、知识产权、土地使用权等可以用货币估价并可以依法转让的非货币财产作价出资；但是，法律、行政法规规定不得作为出资的财产除外。

对作为出资的非货币财产应当评估作价，核实财产，不得高估或者低估作价。法律、行政法规对评估作价有规定的，从其规定。

第二十九条　股东认足公司章程规定的出资后，由全体股东指定的代表或者共同委托的代理人向公司登记机关报送公司登记申请书、公司章程等文件，申请设立登记。

第三十条　有限责任公司成立后，发现作为设立公司出资的非货币财产的实际价额显著低于公司章程所定价额的，应当由交付该出资的股东补足其差额；公司设立时的其他股东承担连带责任。

第三十六条　有限责任公司股东会由全体股东组成。股东会是公司的权力机构，依照本法行使职权。

从《公司法》对资本维持原则做出的各项规定中可以看出：首先，企业设计资本模式之前要明确企业资本存在形式；其次，企业设计资本模式之前必须进行验资，确保资本的真实性；再次，企业资本运作期间要尽量避免固定资产减少，确保资本结构稳定，以降低运作风险；最后，企业必须具备应对资本运营风险的能力，确保企业在资本运作过程中遭受损失时具有相应的偿债能力。

3. 资本不变原则

资本不变原则是企业资本总额确定后，除依法变更外，不得随意变更的原则。这一原则可以有效保障企业债权人及股东的利益，防止企业资本运作过度对企业造成过大的运营风险。对此，《公司法》做出了以下明确规定。

第三十七条　股东会可行使下列职权：

（一）决定公司的经营方针和投资计划；

（二）选举和更换非由职工代表担任的董事、监事，决定有关董事、监事的报酬事项；

（三）审议批准董事会的报告；

（四）审议批准监事会或者监事的报告；

（五）审议批准公司的年度财务预算方案、决算方案；

（六）审议批准公司的利润分配方案和弥补亏损方案；

（七）对公司增加或者减少注册资本作出决议；

（八）对发行公司债券作出决议；

（九）对公司合并、分立、解散、清算或者变更公司形式作出决议；

（十）修改公司章程；

（十一）公司章程规定的其他职权。

对前款所列事项股东以书面形式一致表示同意的，可以不召开股东会会议，直接作出决定，并由全体股东在决定文件上签名、盖章。

第一百零四条　本法和公司章程规定公司转让、受让重大资产或者对外提供担保等事项必须经股东大会作出决议的，董事会应当及时召集股东大会会议，由股东大会就上述事项进行表决。

第一百七十三条　公司合并，应当由合并各方签订合并协议，并编制资产负债表及财产清单。公司应当自作出合并决议之日起十日内通知债权人，并于三十日内在报纸上公告。债权人自接到通知书之日起三十日内，未接到通知书的自公告之日起四十五日内，可以要求公司清偿债务或者提供相应的担保。

第一百七十九条　公司合并或者分立，登记事项发生变更的，应当依法向公司登记机关办理变更登记；公司解散的，应当依法办理公司注销登记；设立新公司的，应当依法办理公司设立登记。

公司增加或者减少注册资本，应当依法向公司登记机关办理变更登记。

从《公司法》对资本不变原则做出的各项规定中可以看出：企业资本模式设计必须以保障债权人与股东权益为核心，企业应在平衡债权人与股东权益的基础上进行资本运作；资本增加与资本减少幅度、节奏需根据企业经营情况实时调整。

企业资本模式设计的三大原则表面上是对资本运作的约束，事实却是企业资本模式展现价值的正确途径，同时有利于减小资本运作风险。当代企业家为企业设计资本模式时不能仅着眼于市场利益、企业发展，还需要遵循三大原则，尤其要确保企业资本稳定，这是企业设计资本模式的重要基础及安全保障。

7.2.2　资本模式设计的四大风险

当代企业设计资本模式的目的主要有两个：一是强化资本运作效果，二是降低资本运作风险。基于上述三大原则设计出的资本模式更具稳定性，资本运作效果更突出，债权人与股东权益更有保障，但全面降低资本运作风险还需要企业及时了解资本模式设计的主要风险，并有针对性地采取防范措施。

资本模式设计风险可以根据资本运作行为分为四类，如图 7.2-2 所示。

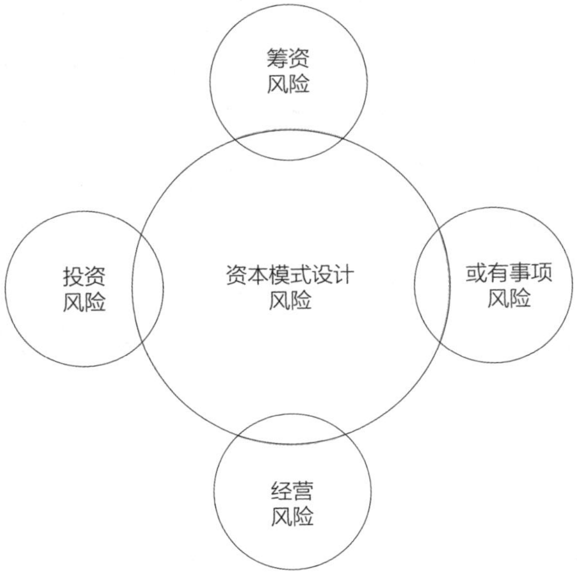

图 7.2-2　资本模式设计的四大风险

1. 筹资风险

现代商业市场高速发展，信息技术不断升级，这些环境变化为企业自主、灵活、高速筹资创造了良好条件。尤其是上市公司，其筹资能力很强。但企业筹资是一项涉及资金结构、筹资成本、金融工具等的复杂过程，任何环节出现问题都会为企业带来筹资风险，这些不确定性正是企业需要防范的重点。

【案例拆解】

2021 年 4 月 6 日，纽约证券交易所宣布决定启动程序，将蛋壳公寓摘牌。这家上市仅一年多的 O2O 租房品牌最终昙花一现。

2015 年至 2020 年，蛋壳公寓发展迅速，获得了八轮融资，投资方包括开物华登、愉悦资本、华人文化、高榕资本等，总融资金额超 60 亿元。2020 年 1 月，蛋壳公寓成功在美国纽约证券交易所上市，市值达 27.4 亿美元。资本运作让蛋壳公寓获得了超前发展。

可就是在这样蓬勃的发展下，一次黑天鹅事件直接让蛋壳公寓一蹶不振。2020 年租房市场损失惨重，蛋壳公寓缺乏风险应对能力。租房市场停滞期间，蛋壳公寓出现了资金链断裂问题。对于资金来源主要依靠融资，筹资资本早已透支的蛋壳公寓而言，这无疑是致命一击。蛋壳公寓最终采取逾期向房东支付房租的方式来缓解资金问题，但这种消耗品牌口碑的方法无法解决资金不足问题。截至 2020 年 11 月，蛋壳公寓市值已经不足 3 亿美元。

从蛋壳公寓的失败经历中可以推断出，企业设计资本模式时必须设置筹资风险应对措施，开始资本运作之前不可透支筹资资本，应预留筹资资本以备不时之需。

现代商业市场中，很多企业进行资本运作时过于注重运作效果，为追求更多利益不断加大筹资力度，导致企业筹资结构内外失衡、筹资资本严重透支。在不确定因素面前，这类企业缺乏风险应对能力。

【模式关键】

企业筹资方式主要为举债或融资，举债规模或融资规模过大会导致企业筹资结构不合理，资本运作风险也会随之增大。所以企业在资本模式设计过程中需要针对筹资风险设置相关措施，尽量规避风险，确保不确定因素出现时企业资本运作不受影响。

第一，企业需要确保筹资结构处于平衡状态，即企业资本构成中企业资产份额与筹资份额处于相近状态。企业资本运营过程中一旦出现意外情况，资产可以成为资本运作的主要支撑。

第二，企业不能过度消耗筹资资本，必须保留一定的筹资能力。蛋壳公寓失败的原因之一是其过度消耗筹资资本，外部环境发生不利变化时其无力再进行筹资，最终导致资金链断裂。当代企业进行资本模式设计时需吸取教训，确保筹资资本不被过度消耗，始终保留一定的筹资能力，这样才能保证资本运作的稳定与安全。

2. 投资风险

投资风险主要有内部风险与外部风险两种，如图 7.2-3 所示。

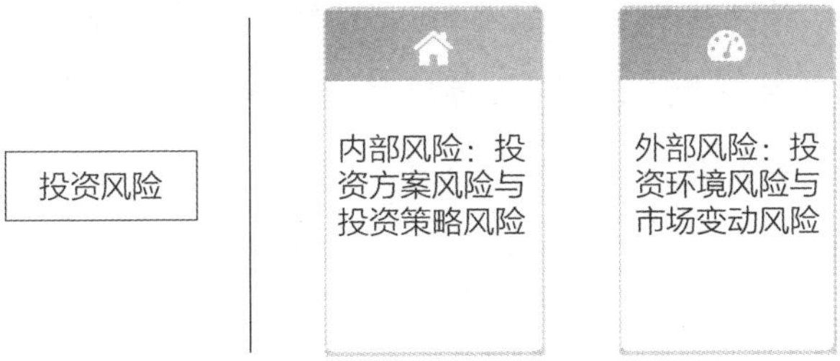

图 7.2-3　投资风险

投资是资本运作的主要方式，也是资本模式的重要组成。从企业投资行为角度出发，企业需要应对的风险分为内部风险与外部风险。

第一，内部风险。内部风险主要存在于投资方案与投资策略中，当投资方案和投资策略出现纰漏时，投资风险会增加。企业必须确保投资观点清晰、投资态度冷静，这样制定的策略与方案才能够更全面、更严谨。

第二，外部风险。外部风险主要体现为投资环境风险与市场变动风险。投资环境与市场趋势多变是当代商业发展特色，行业趋势、黑天鹅事件皆是影响企业投资效果的关键因素。提前定位趋势、方向，准备突发事件应对措施，是企业正确投资的必备举措。

3. 经营风险

资本运作属于商业经营行为，故相关企业承担着相应经营风险。企业进行资本运作期间需要充分考虑资本变化与资本消耗，以及资本获利分配方式，任何环节出现的不稳定因素均可能导致整体运作失败。

【案例拆解】

2015 年，原易到用车联合创始人朱月怡创立了“花点时间”品牌，并以“预购 + 周期购”模式迅速开拓市场。2019 年 9 月，花点时间获得了数百万元的首轮天使融资，投资方为清流资本和某艺人。随后 3 年时间内，花点时间又完成了 A 轮、B 轮、B+ 轮融资，投资方为梅花创投、青山资本、东方富海、经纬中国、清晗基金、峰尚资本等。其中值得大家注意的是清晗基金是当时某高人气艺人与清流资本、新希望集团共同成立的基金。花点时间一举成为鲜花市场的头部品牌。

虽然有充足的资本与艺人效应支撑，但花点时间的经营效果并不理想。据朱月怡称，2015—2017 年花点时间处于盈亏平衡的发展阶段；2018 年花点时间有盈利；2019 年上半年商品交易总额（GMV）同比增长 150%，花点时间进入良好盈利状态；可 2020 年，花点时间先因产品品质问题让消费者有所不满，后因合同纠纷成为被执行人，执行标的为 828.02 万元。

5 年的资本运作却收获这样的效果的确难以让人满意，花点时间在资本、营销充足的基础上未能取得应有的成功，主要是因为其应对经营风险不及时，资本无法发挥应有作用，经营效果未达预期。

【模式关键】

花点时间的资本运作给企业带来的启示如下。

第一，资本运作期间产品品质、市场供需情况、环境变化都会为企业带来经营风险，如果未能制定切合实际的经营方案，资本难以发挥作用。

第二，资本动作期间品质与口碑尤为关键。2020 年花点时间资本运作效益下降的主要原因不是引起了消费者不满，而是其事后第一时间关注的不是消费者权益，而是自身品牌影响，最终导致消费者失望。

第三，资本分配情况、资本运作节奏需根据市场发展合理调控。虽然花点时间整体资本充足，但资本分配并不合理。花点时间的融资数据显示，其最后一轮融资在 2018 年，2018 年后，花点时间整体发展放缓，而这一阶段正是其做大市场的关键阶段。如果花点时间可以对整体融资按照发展节奏、市场布局节奏进行合理调整，那么其经营风险应对能力将有所提升，资本运作效果不至于如此。

4. 或有事项风险

资本模式设计的或有事项风险属于潜在风险，其主要由企业资本运作中某项经济业务产生，未来可能因意外情况造成企业损失。或有事项风险主要来自企业或有负债，这是企业资本运作过程中长期存在的、需要长期防范的风险。

目前，引起或有事项风险的事项主要包括企业未决诉讼、未决索赔、高账龄应收账款、投资失败项目等，企业在设计资本模式时需要充分考虑这些潜在风险。

对于当代企业而言，设计恰当的资本模式是发挥商业模式作用的重要方法。企业设计资本模式之前，不能只着眼未来成果、市场利益，需提前了解资本模式设计的主要风险，只有相应防范措施制定到位，企业才能够有效确保资本运作效果，强化资本获利能力。

7.3 资本模式的五种类型

企业资本模式虽然涵盖多种组成元素，但其整体设计并不复杂。在具体设计模式之前，企业家要清楚资本模式的两层含义。

第一，企业资本运营是优化社会资源配置的行为，它通过社会资本流动优化社会资源配置。

第二，企业资本运营是优化市场资源配置的行为，它通过企业资本技巧性运作，实现市场资源增加。

明白资本模式的这两层含义有利于弄清资本模式设计的起点与逻辑。下面介绍资本模式基本组成要素，如图 7.3-1 所示。

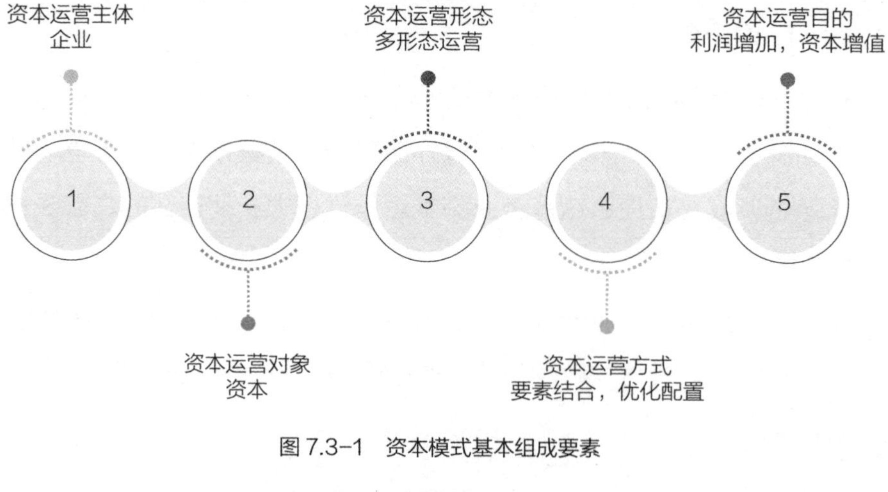

图 7.3-1　资本模式基本组成要素

第一，资本运营主体。资本运营主体是资本拥有者，即企业。企业承担着资本运营责任。

第二，资本运营对象。资本运营对象是资本，比如企业资金、商品、房产等。

第三，资本运营形态。资本运营过程中，资本以各种形态被投入市场，在各领域充分发挥自身作用。

第四，资本运营方式。无论从社会角度还是从市场角度出发，资本运营都是资本与其他要素的结合，通过优化配置发挥自身价值，进而创造价值。

第五，资本运营目的。企业进行资本运营的最终目的不外乎实现企业利润增加与资本增值。

下面深度分析当代市场常见的五种资本模式。

7.3.1　先内后外，先债后股

当代资本模式中，常见的资本模式之一为“先内后外，先债后股”。

“先内后外，先债后股”即企业资本不足时优先考虑使用内部资本解决，能够筹集足够的内部资本时，不考虑引入外部资本。比如，企业能够通过发行债券获取资本时不考虑股权交换，需要进行股权交换时能够私募则不考虑公募。当然，如果投资者以上市为投资目的则另当别论。

【案例拆解】

小米公司先后成功进行了多次融资，其资本模式独具特色。小米公司招股说明书显示，小米集团从 2010 年 4 月 1 日至 2018 年 5 月 1 日，已经授出但尚未行使的购股权中，11 名董事高管获授 2 212 万股，超过 5 500 名小米员工获授 2.22 亿股。

回顾小米公司股权分配历程，我们可以看到两个股权分配关键点。

第一，小米公司早期便在公司内设计了股权激励制度，允许员工在股票和现金之间弹性调配比例作为薪资领取方式。这一制度下小米公司有70% 员工选择以“70%~80% 现金 + 公司股票”作为薪资领取方式。

第二，小米公司在 B 轮融资时又对内部发布了新制度，允许员工以现金方式向公司投资，但每人限额为 30 万元，当时有大量小米公司员工向公司投资。

从小米公司的股权分配策略中可以看出，其采用了“先内后外，先债后股”资本模式。通过内部股权激励，小米公司获得了巨大资本支撑，同时小米公司为员工投资设定了上限，确保了自身资本结构合理。这种资本设计模式值得当代企业家借鉴。

【模式关键】

现代企业设计资本模式时不能只注重资本总量，还应该注重资本结构与最终的资本运作目的。比如，企业为提升资本运作效果进行公募，这种方式最终增加了资本总量，提升了企业抵御资本运作风险的能力，但运作成本较高。根据 2020 年国内融资市场行情分析，企业通过股市融资 1 亿元，最终能够进入企业账户的资金约为 8 500 万元左右，因为各类融资机构大约会瓜分融资总额的 15%。且资本运作过程往往耗时耗力，最终企业发现，去除运营成本后资本运作利润与资本扩充之前相差不大。

从“先内后外，先债后股”资本模式中可以看出，企业设计资本模式时需要注重两个要点。

第一，计算资本扩充后的真实收益。进行资本扩充前充分考虑资本扩充成本、资本运作成本、利益分配方式，确保资本扩充后收益远超扩充之前，这样的资本模式才是正确的、合理的。

第二，以内部筹资为主要筹资手段。“先内后外，先债后股”是当代企业筹资的主流策略，内部筹资具有筹资便捷、筹资成本较低等优点，且筹资后不影响企业资本结构的合理性。

7.3.2　整合资源，完善估值

从企业资本运作方式中可以看出，企业资本模式要发挥作用离不开与其他市场资源相结合。企业与其先筹集资本再购买资源，不如在资本模式设计之初便进行资源整合，以此提升资本运作效率，完善资本模式架构。

【案例拆解】

2020 年后，我国房地产行业受挫严重，大量房地产企业处于资金链断裂边缘。在这一市场背景下，海南一房地产公司为避免破产急于出售海南一处楼盘。这时北京一家旅游公司看中了这块楼盘，但碍于资金不足，于是运用了一系列资本运作手段。

首先，该旅游公司与该房地产公司商议，以市场底价购买此处楼盘，但需要分五年付款。考虑到市场整体形势与公司经营状况，该房地产公司同意了旅游公司的付款方式。

在签订合同之后，旅游公司支付了首期费用，之后凭借自身资源优势向北京、上海地区客户以“度假房”名义销售此处房产。由于价格较低，该处房产在北京、上海等地销售情况良好。该旅游公司又拿出部分售楼款将一栋楼房进行装修改造，建成了公寓。之后该公司以航空公司介绍购房客户可以享受 9.5 折优惠，介绍旅游客户可以获得 8 折度假酒店优惠等政策，与多家航空公司达成深度合作，房产销售情况良好。这也解决了该公司后期向房地产公司支付剩余费用的资金问题。

从这家旅游公司的资本运作中可以看到，资本运作效果与企业资本多少没有直接关系，更多取决于资本模式设计。在合理的资本模式帮助下，企业可以通过资本运作获得更大收益。

【模式关键】

企业资本主要包含三要素：企业资产、企业资金、企业资源，如图7.3-2 所示。

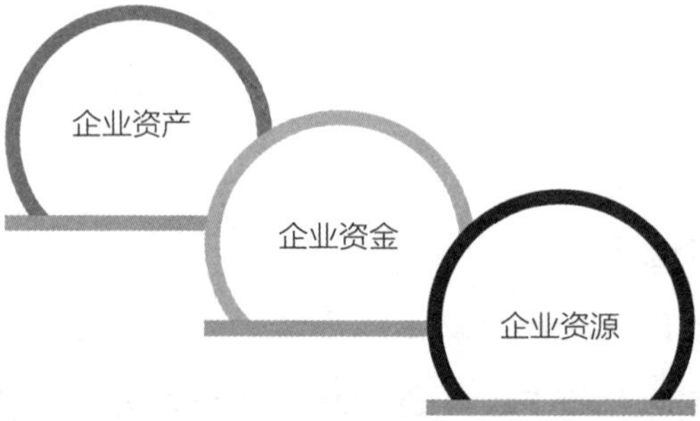

图 7.3-2　企业资本三要素

在资本运作过程中，企业资产与企业资金、企业资源结合可以发挥更大作用，企业资本总额可以成倍增加。现代企业进行资本运作时需要充分整合资源，以此增加企业资本估值。

上述案例中，旅游公司通过资源整合在资金不足时实现了大规模资本运作，且收益颇丰。资源整合对企业资本运作可以产生以下效果。

第一，企业资本放大效果。该旅游公司看清了自身客户资源的价值，看清了异地房地产市场差异在资本运作中的价值，之后结合自身资源优势增加资本估值，通过整合航空公司的资源再次放大资本运作效果。这种利用资源整合放大资本运作各环节效果的技巧，可以视为当代企业资本模式设计的关键方法。

第二，资本运作加速效果。借助资源优势，企业资本运作效果可以获得提升，同时企业资源可以在资本运作中产生更大价值。

第三，资本运作共赢效果。案例中旅游公司通过资本运作最终实现了多方共赢，这是商业资源对资本运作的效果的体现。企业设计资本模式时对资源进行客观评估，可以使资本运作效果放大。

另外，当代企业家要清楚，并非所有资源都能够用于资本运作，只有符合资本运作逻辑、能充分发挥商业作用的资源才能够视为资本运作资源。

7.3.3　对接政策，引水浇地

企业在设计资本模式时，有一项资源不可忽视，即政策性资金。政策性资金具有导向性大于营利性的特点，这一资金可以有效强化企业资本模式，提升资本运作效果。

企业采用“对接政策，引水浇地”资本模式时，需要明确政策性资金的三个要素，如图 7.3-3 所示。

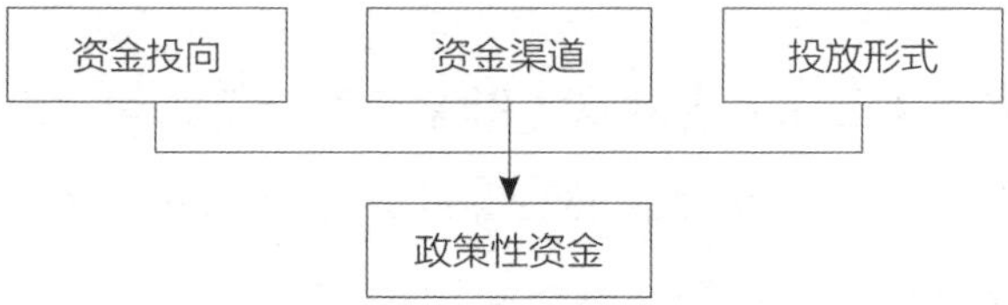

图 7.3-3　政策性资金三要素

企业想要获得政策性资金，必须让资本运作宗旨符合政策导向，并与政策对接。企业在资本运作过程中，要第一时间明确政策性资金的资金投向、资金渠道及投放形式。只有三个关键要素均与资本模式匹配时，政策性资金才能够成为企业可用资本。

【案例拆解】

2021 年，北京市国有文化资产管理中心为促进文化产业高质量发展，根据《北京市支持文化金融融合发展资金管理办法》，制定了《北京市文化产业“投贷奖”政策实施细则》（以下简称《细则》），《细则》中明确规定以下内容。

（一）降低文化企业投融资成本，采用贷款贴息、发债贴息、融资租赁贴租的方式对文化企业债权融资费用进行支持，加大文化核心领域企业支持倾斜力度。

（二）鼓励文化企业通过创业投资机构进行股权融资，对成功进行股权融资的文化企业进行融资奖励。对获得中国证券投资基金业协会登记的基金管理机构及备案的基金股权投资的文化企业，融资额度超过500万元（含）的，按照不超过融资金额的2%进行奖励。加大文化核心领域企业奖励倾斜力度。单家企业当期奖励资金不超过300万元（含）。

（三）大力支持文化企业在北京文化企业股权转让平台（以下简称“北京四板市场文化创意板”）挂牌。对当年获准在北京四板市场文化创意板挂牌的每家文化企业给予5万元资金奖励，全年奖励资金不超过150万元（含）。

（四）缓解文化企业融资难题，引导撬动金融机构扩大对首都文化产业的投融资规模，对为北京市主营业务收入1亿元及以下的文化企业提供的债权类和股权类融资服务的金融机构，给予资金奖励。

《细则》实施后，当地众多文化企业迅速解决了资金问题，加快了旅游、影视、文博等行业发展。2020年，在全球旅游业损失1.3万亿美元的整体背景下，北京旅游业取得了良好发展，不仅推出了35个重点旅游项目，还通过“北京一日游”项目创新盘活了市场经济，上千家旅游企业因此受益。

【模式关键】

政策性资金一直是现代企业不可忽视的资本运作要素，在政策性资金加持及政策扶持下，企业既可以扭转被动经营局势，又能够通过资本运作获得意想不到的效果。企业想要获得这一资金，需要依据各项政策准确分析自身资本模式与政策性资金三要素是否匹配。

第一，资金投向。资金投向是指政策性资金扶持的领域，一般情况下对当代就业、发展产生显著带动效果的行业更容易获得政策性资金。比如我国云南省作为旅游大省，当地政府每年都会在旅游行业注入政策性资金。2022 年 3 月，云南省人民政府发布了《关于精准做好疫情防控加快旅游业恢复发展的若干政策措施》，措施中明确提出：2022 年云南省会免费发放不低于 2 亿元文旅消费券，2022 年度招徕省外入滇游客数 20 万人以上的企业，省财政给予一次性 200 万元奖励。

第二，资金渠道。资金渠道是指政策性资金流入市场的主要渠道。比如，高科技项目政策性资金会通过科技厅、局划拨；公共设施建设相关政策性资金会通过发改委划拨。企业想要获得政策性资金扶持，必须清楚自身所属领域，及这一领域对接的政策性资金划拨部门。

第三，投放形式。投放形式是指政策性资金投放到项目领域的具体形式，我国政策性资金投放形式主要包括政策扶持资金、低息或贴息贷款、公共项目资金、上市补贴资金、税款返还等。这些资金投放形式可以准确对接企业运营项目。

7.3.4　抵押股权，典船借桨

企业资本运作过程中难免遇到因资本不足需要外部筹资的情况。如果企业拥有固定资产，可以选择资产信托融资；如果资金稳定，也可以采用客户订单担保形式筹资。但对于一些固定资产不足、发展尚未成型的企业来说，只能通过权益融资进行筹资。权益融资主要分为三类，如图 7.3-4 所示。

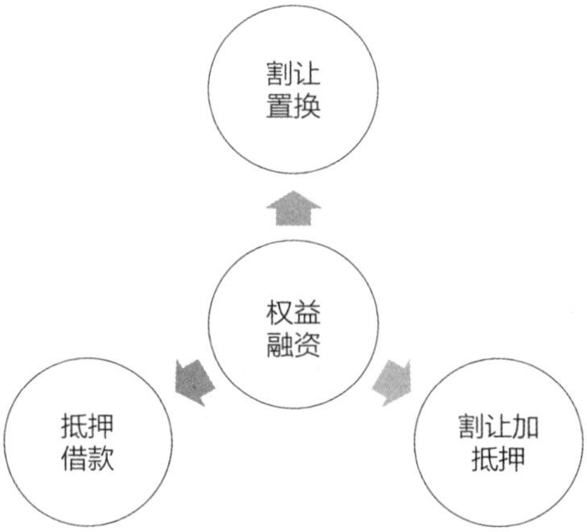

图 7.3-4　权益融资的三种方式

虽然权益融资分为割让置换、抵押借款及割让加抵押三种方式，但企业进行资本运作并非只能选择其中一种。在设计资本模式时，企业可以根据实际运营情况采取“抵押股权，典船借桨”资本模式降低筹资成本。

【案例拆解】

A 企业通过技术创新研发了一种新型包装，这种包装具有低污染、易降解的特点，这一发明在以绿色理念发展的今天具有较高经济效益和社会效益。但 A 企业此时遇到一个重要发展难题：生产这种包装需要向 B 企业定制设备，而 A 企业目前的资本只支持购买生产原料及支付员工工资。

这时，A 企业设计了一套资本运作方案。A 企业向 B 企业提交合作意向，承诺以 60% 的股权做质押，向 B 企业定制 10 套生产设备。A 企业付款方式为每年年底支付 10 套生产设备总值的 20% 加利息，每年完成付款后 A 企业可以赎回 10% 的股权，5 年后，A 企业付清所有设备款项及利息。这时 B 企业仍可以保留 A 企业 10% 的股权，并作为 A 企业小股东继续分享利益。

这套方案递交给 B 企业后，得到了 B 企业的同意，双方迅速展开合作。

A 企业的资本运作方案中先采取了抵押借款的方式融资，之后再进行割让置换使双方共同受益。这一方式不同于割让加抵押方式，这种有先后顺序之分的组合方式大幅降低了 A 企业的融资成本，同时降低了 B 企业的投资风险，这是当代企业常用的资本运作模式。

【模式关键】

采用“抵押股权，典船借桨”资本模式有一个重要前提，即企业的权益价值显著，可以作为企业资本进行直接运作。

“抵押股权，典船借桨”资本模式总体分为三个步骤。

第一步，权益估值。权益估值分为两个方面，一是预估企业权益价值，二是预估企业资本运作所需筹资金额。在筹资金额占权益价值 50% 左右时，企业可以采用“抵押股权，典船借桨”资本模式筹资。如筹资金额大于权益价值的 50%，代表企业筹资成本较高，企业资本结构不合理。上述案例中 A 企业采用“抵押股权，典船借桨”资本模式筹资，就属于风险较大的行为，一旦资本运作出现问题，B 企业将成为 A 企业第一大股东。

第二步，权益抵押及割让比例选择。正常情况下，企业可以采取多抵押少割让原则进行权益融资，因为割让部分属于融资成本，控制融资成本才能控制资本运作效果。

第三步，达成融资共赢。在双方达成权益融资合作后，融资企业需加快资本运作速度，尽快赎回抵押权益，之后双方进入平等合作阶段，实现发展共赢。

7.3.5　项目融资，描绘蓝图

项目融资是当代企业进行资本运作时常见的融资方式，也是风险较低的资本运作方式。项目融资具有无资产抵押特点，仅依靠项目本身吸引投资。如投资方认可项目前景，同意利益分配方式，则会主动承担相应风险。如果项目可以产生预期的稳定收益，还可以吸引投资方追加投资。

项目融资中，与企业资本运作直接相关的主要有BOT（建设—经营—转让）融资和TOT（移交—经营—移交）融资两种模式。

第一，BOT融资模式。BOT融资模式是指由投资人或财团作为项目发起人，从政府处获取基础设施项目建设和运营特许权，之后组建项目公司，由项目公司负责项目融资、设计、建设、运营的融资方式。这种融资方式常见于政府项目或社会建设项目。

第二，TOT融资模式。TOT融资模式是指政府与投资者签订特许经营协议，将已经投产运行的可收益项目移交给民间投资者经营，政府一次性从投资者手中获得一笔资金。这种融资方式常见于可收益公共设施项目。

另外，项目融资往往是资金数额大的大型融资。如果项目规模较大，一家企业或银行不愿意单独承担投资风险，那么可以组织其他企业或银行联合投资。投资风险主要取决于投资方对项目未来收益评估的准确性，若项目收入低于投资成本，则代表投资亏损。所以，企业进行项目融资时，投资方往往较为保守，并会针对项目设定一系列连环保障措施，让企业与投资方共同承担风险。

资本模式设计会影响企业资本运作效果，当代市场主流资本模式中包含众多资本运作技巧。企业只有立足经营实际，结合各类资本模式特点，设计符合自身发展情况的资本模式，才能够利用资本运作达到预期获利目标，并充分发挥商业模式作用。

第 8 章 商业模式如何对接企业愿景

设计商业模式不只是为谋求企业当下发展，最终目的是对接企业愿景，实现企业终极目标。融入发展愿景的商业模式才能够长久契合企业，伴随企业发展发挥更大作用与价值，这是商业模式的设计初衷，也是商业模式不断升级的方向。

8.1 企业愿景如何融入商业模式

商业模式是否合理是衡量现代企业盈利能力的主要标准，因为商业模式能反映企业的研发能力、客户定位、渠道类型、资本结构。在商业模式的协调下，各种经营要素有序融合为一个和谐、高效的整体，这就是商业模式的基本特性。

有了商业模式引导，企业能够清楚了解所在市场需要哪些产品，需要怎样的服务，如何改变客户认知；有了商业模式扶持，员工能够清楚企业发展目标与价值取向，明确自身应该如何发展才能与企业合力前行；有了商业模式诠释，外部合作者能够理解企业发展诉求，清楚与企业达成合作共赢的方式。

无论从哪一个角度出发，企业商业模式都可以视为发展愿景的最终描述。在终极目标指引下，商业模式转化为企业发展、管理的详细执行计划，转化为企业与市场互助互进的运营方式，支撑、鞭策企业努力进取，不断向既定目标迈进。

商业模式的本质表明，企业愿景决定了商业模式价值的上限，决定了商业模式的最终形态，将商业模式准确对接企业愿景，企业才能够通过商业模式设计成就自我，走向市场前沿。

8.1.1 愿景明确，把企业愿景注入员工内心

企业愿景是企业发展方向与发展前景的高度概括，应具备合理性、真实性，因为企业愿景决定着企业核心理念，承载着员工成长目标。企业必

须明确发展愿景，充分展现愿景内涵，这样愿景才能够融入员工的行为与思想，并在商业模式中产生更大价值。

【案例拆解】

华为公司是一家致力于把数字技术带入每个家庭、每个组织，构建万物互联智能世界的科技公司。其发展目标是：以智能技术驱动商业文明发展，让世界因数字而强大，让大众幸福感因科技不断提升。因此，华为公司将发展愿景定义为“丰富人们的沟通和生活”。

虽是简单的一句话，但华为公司对其进行了细致解析，并结合自身发展将其细化到企业运营的方方面面，让员工清楚了解企业与自身的联系，以及企业的发展目标。

首先，华为公司将“丰富人们的沟通和生活”解释为“无处不在的连接”。因为连接是互联网时代大众的生活方式，是社会进步、经济增长的基石，智能、随需、无缝、安全地连接世界，是华为公司的终极目标，也是每一位华为员工努力的方向。

其次，华为公司将“丰富人们的沟通和生活”解释为“无所不及的智能”，这是华为公司内部技术部门的第一追求。科技不断创新发展的今天，智能性已是现代生活特色，深化各行业智能性，提升大众生活智能性，是华为公司与市场、与大众紧密连接的有效方式。

再次，华为公司将“丰富人们的沟通和生活”解释为“个性化体验”，这是华为公司对内部创新的发展定位。华为公司通过创新升级客户体验，创造更具个性的产品与服务，推动内部产业规模化升级。各项实质工作让华为员工明确了创新方向、创新关键点。

最后，华为公司将“丰富人们的沟通和生活”解释为“数字平台建设”，这是华为公司企业愿景的实质化体现。数字科技让现代生活敏捷高效、开放灵活，搭建数字化平台是达到这种生活方式的极佳方式。

华为公司对企业愿景进行细致解析的目的是让每一个员工都清楚自身发展方向，明确团队最终目标。这一方向和目标与华为公司每一位员工息息相关，同时与华为公司的市场、客户紧密相连。基于此，华为公司的愿景得以全面融入商业模式，注入所有员工的内心。

【模式关键】

企业明确自身愿景并不难，但让愿景准确对接商业模式、注入员工内心是当代企业家需要思考的重点。企业愿景不是内部宣传口号，强行灌输并不能产生实际价值。强行注入的企业愿景很难引起员工共鸣，更难影响员工的行为与思想。立足员工发展目标，结合企业自身特色，与员工共建企业文化是将企业愿景注入员工内心的有效方式。华为公司解析企业愿景的方法也为当代企业家正确总结发展愿景，阐述愿景价值，将愿景与员工、商业模式融合带来了一些启示。企业愿景实质解析如图 8.1-1 所示。

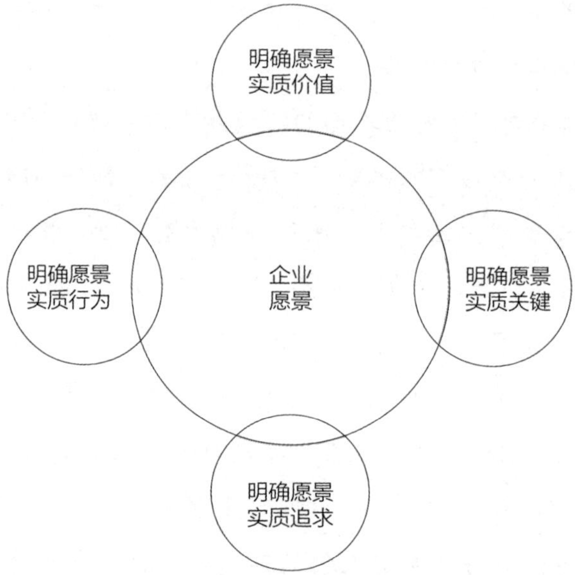

图 8.1-1　企业愿景实质解析

注入员工内心的企业愿景一定是影响员工思想、成长的理念，这需要企业将愿景细化分解，让其与员工的生活、工作产生实质联系。

1. 明确愿景实质价值

企业愿景能否对员工产生价值，决定了员工是否愿意与愿景主动连接。以华为公司的企业愿景为例，华为公司将“丰富人们的沟通和生活”解释为“无处不在的连接”，员工可以从工作、生活等角度认清愿景价值，明确这一目标引领的企业发展方向。

2. 明确愿景实质关键

企业愿景不能空、大、虚。目标看似宏大却找不到关键点，员工不知道如何加快愿景实现，这种情况下员工不知也不愿为企业愿景努力。华为公司解析企业愿景时明确了创新的重要性，并明确创新能够带来的发展效果——实现无所不及的智能。

当代企业可以借鉴华为公司诠释企业愿景的方法，为员工定位实现愿景的关键点，引导员工通过把握关键点加快自身与企业发展。

3. 明确愿景实质追求

通过企业愿景提升员工工作成效、企业发展成效是商业模式设计的重要目的，这需要企业为员工明确要追求怎样的工作成效、要瞄准哪些发展目标。比如华为公司要实现“丰富人们的沟通和生活”，员工就要追求产品为客户带来个性化体验。

4. 明确愿景实质行为

企业愿景是企业发展目标、未来畅想的高度概括，同样是企业产业升级的描述。比如，华为公司将企业愿景解释为“数字平台建设”，这正是对主体产业升级的描述。华为公司员工通过这一解释不仅能了解到工作属性、工作价值，还能了解到工作标准与行业准则，进而明确以怎样的行为加快企业愿景实现。

企业愿景不是附加在企业品牌之上的口号，而是融入企业的商业力量。这一力量想要体现价值、发挥作用，需要企业愿景被所有人认知、认可与认同。在企业愿景的引领下，员工配合默契、合力共进，企业发展自然健康顺畅。

8.1.2 求新求异，在商业模式中融入企业的价值主张

现代很多企业没有察觉到成功企业之所以能在方方面面创造卓越成绩，正是因为企业上下对价值主张有相同认知。合理的价值主张可以帮助企业抓住发展重点，集中力量展现自身价值，提升为客户创造的价值。

价值主张是判断企业未来成就的关键指标。缺乏价值主张的企业往往停留在经营的初始阶段，随着企业发展，内部管理问题、市场竞争问题会不断增多，发展形势也会不断恶化。只有及时意识到价值主张的重要性，凝聚符合企业特点的价值主张，企业才能够长远、健康发展。

【案例拆解】

我国电器市场长期处于激烈竞争状态，品牌被淘汰屡见不鲜。如今能够在电器市场良好发展的企业均具有明确的价值主张。

以长虹公司为例，这家1958年创立的公司在60多年发展中保持着低调、健康的态势。2018年世界品牌实验室编制的“2018世界品牌500强”榜单中，长虹公司排名第286位；2019年，中国企业联合会、中国企业家协会发布的“中国战略性新兴产业领军企业100强排行榜”中，长虹公司排名第21位。这些成绩与长虹公司多年坚持的价值主张有很大关系。

长虹公司自涉足电器行业，就明确了成本领先、价格突出的价值主

张，所以在电器市场价格战中，长虹公司长期掌握竞争主导权。多年来，我国电器市场消费价值取向发生过多次变化，高端、智能品牌更受欢迎，但超值、低价的产品始终是客户青睐的对象。所以长虹公司即便以市场跟随者身份存在，但若出现价格战，长虹公司可以迅速夺回市场主导权。

再以同一行业的海信公司为例，海信公司的价值主张非常直白，即以创新提升品牌价值、产品价值。多年来海信公司始终注重技术开发与创新，凭借技术优势始终处于行业前沿，甚至引领过市场价值取向变化，这都是价值主张带来的发展效果。

从市场角度分析，企业价值主张对消费者、市场、企业运作有深远意义。价值主张既是企业对消费者需求的定位，也是其对市场发展关键的把控，还是企业运营的重点。价值主张可以增强企业核心竞争力，使企业品牌实现差异化，持续向市场输出品牌价值。

【模式关键】

提炼企业价值主张并不简单，这要求企业家具备求新求异的商业思维。当代企业家可以通过三个关键步骤完成价值主张提炼，如图 8.1-2 所示。

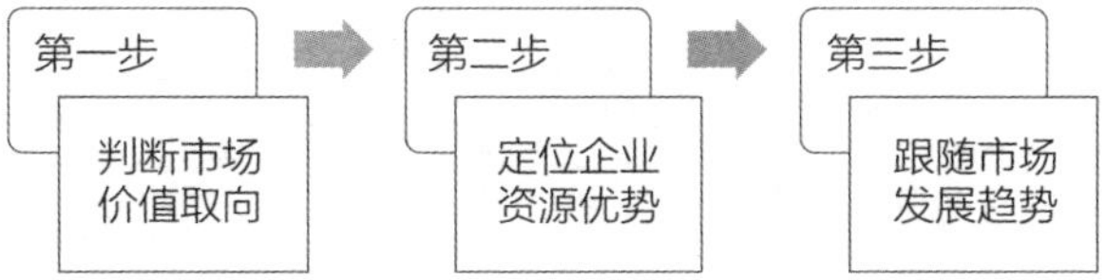

图 8.1-2　提炼价值主张的三个关键步骤

1. 判断市场价值取向

市场价值取向是企业价值主张的对接点，企业价值主张必须符合市场价值取向，并在满足市场需求的同时展现更高价值。如果企业不能明确市场价值取向，那么自身价值主张将失去意义。

2. 定位企业资源优势

明确市场价值取向后，企业需思考如何借助自身资源优势展现产品价值。比如，海信公司明确自身技术优势后，进行产品创新，这正是其借助自身资源优势展现产品价值的方法。

3. 跟随市场发展趋势

市场价值取向会随时代发展发生变化，企业价值主张很难长久符合市场价值取向。当市场价值取向与企业价值主张发生偏移时，企业要懂得及时跟随趋势，完善价值主张。比如，长虹公司在市场价值取向偏重智能化、高端化时，在低成本价值主张之上附加智能化发展战略，以此确保品牌不与市场趋势脱节。虽然转变为市场跟随者，但低价优势持续存在，这种竞争力确保了长虹公司健康发展。

价值主张是企业完整架构的重要组成，将价值主张融入商业模式是其发挥作用的主要方式。将价值主张融入商业模式的技巧有以下三种，如图 8.1-3 所示。

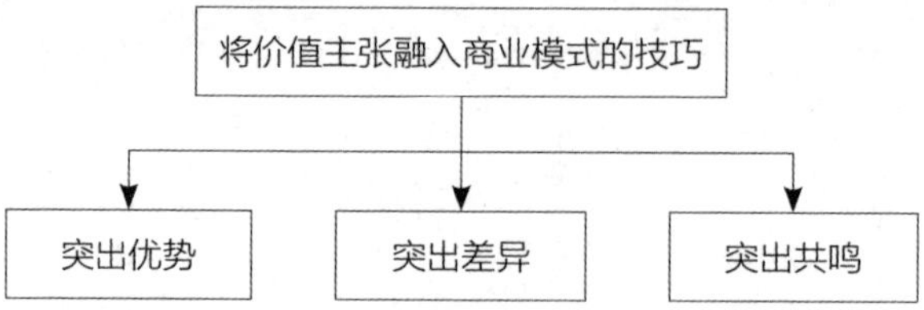

图 8.1-3　将价值主张融入商业模式的技巧

1. 突出优势

将价值主张融入商业模式的关键不是文化融入，而是突出企业优势。企业家需要定位产业价值关键点，将其放置在商业模式前端，在明确自身价值主张的同时强化商业力量。比如，小米公司将自身技术优势表述为“让大众享受科技乐趣”，这既突出了自身能力，又体现了价值主张。

2. 突出差异

价值主张设定与价值主张融入都需要遵循求新求异的原则，因为差异可以强化企业竞争力、改变用户认知。在将企业价值主张融入商业模式时，要将差异点表现在产业流程当中。比如，长虹公司将低价的价值主张总结为成本低价、渠道低价、产品低价，进而提升了产品竞争力。

3. 突出共鸣

共鸣代表市场与用户对企业价值的认可，代表企业价值主张定位准确。企业价值主张共鸣点要以文化形式放置在商业模式前端，以此加强企业与用户的联系。比如，小米手机宣传口号“为发烧而生”便是手机技术价值的体现。值得注意的是，随着智能手机的发展，解决手机发热问题成了市场价值新取向。这时，华为公司提出了“为退烧而生”的口号，这同样是手机技术价值的体现。可见，不同文化形式可以表现相同价值主张，这就是价值主张与商业模式融合的特点。

合理构建并妥善传递价值主张可以强化商业模式的作用。在现代企业竞争中，商业模式竞争是一大关键，为商业模式附加愿景的能量如同增加决胜筹码，有助于提升企业的竞争力。

8.1.3　顺应大势，在商业模式中融入企业应承担的社会责任

企业承担着重要的社会责任，顺应国家、社会、时代发展趋势，勇于承担社会责任是企业长远发展的正确方向。比如在数字时代，数字科技及互联网科技企业影响着大众生活品质，这些企业肩负着加速社会进步的责任。

企业承担社会责任的主要方式是将商业模式与社会发展有效结合，通过环境管理、行业赋能、社会责任践行等方式展现自身价值，促进社会发展。

【案例拆解】

2021年，腾讯公司提出“科技向善”发展理念，通过品牌价值主张调整，主动迎接时代挑战，将科技发展重点延伸到促进社会进步的领域，重塑了品牌价值。

2021年，腾讯公司先投入500亿元资金用于“可持续社会价值创新”项目调整，调整重点为使科技创新着眼于基础科学、教育、碳中和、养老等公益事业。腾讯公司的这一决策具有行业前瞻性，因为加快这些领域的科技发展正是未来我国社会发展的重点。在国家战略引导下，越来越多企业的发展与国家战略保持同步，越来越多的产品与服务体现出社会公平性，支撑我国推进社会可持续发展战略。

除此之外，腾讯公司于2021年另外投入500亿元启动“共同富裕专项计划”。这一项目旨在为乡村振兴、低收入人群增收、基层医疗体系完善、教育均衡发展等民生领域提供助力。腾讯公司启动的“共同富裕专项计划”准确聚焦当代社会发展所需，呼应当下社会关切点，为带动低收入人群增收、完善社会医疗救助体系、促进乡村发展、加强普惠教育建设等提供了长期支持。同时，腾讯公司以“技术＋资金”双驱动形式放大项目建设效果，将自身承担的社会责任延伸到更广的领域。这种科技向善的实际行动不仅获得了政府赞誉，还联动社会力量形成了一种商业发展趋势。

企业承担社会责任是实现民族复兴的重要举措，尤其在我国刚刚完成脱贫攻坚，全面推进乡村振兴的关键节点上，企业力量将成为社会发展的主要动力。腾讯的行为是企业承担社会责任的表现，也是企业履行自身职责、彰显品牌价值的有效作为。

【模式关键】

现代企业顺应大势，在商业模式中融入自身应承担的社会责任时，可以借鉴腾讯公司的方法：从社会发展角度出发，结合行业特性、企业特点体现自身应承担的社会责任。在商业模式中融入企业应承担的社会责任的方法如图 8.1-4 所示。

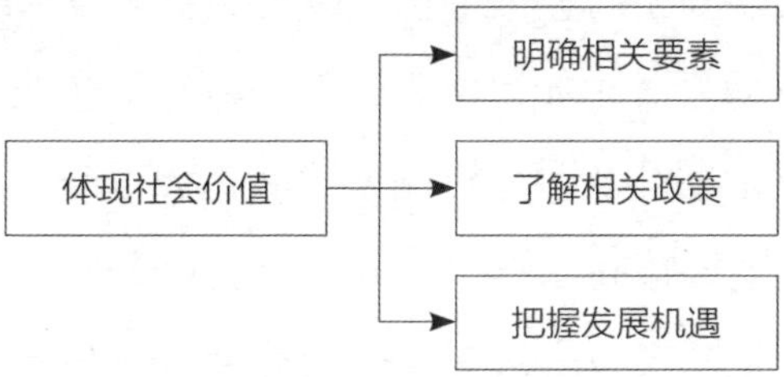

图 8.1-4　在商业模式中融入企业应承担的社会责任的方法

1. 明确相关要素

所有企业都应该承担相应社会责任，企业在商业模式中融入其应承担的社会责任之前，需要明确社会责任的相关要素。比如，明确企业发展产生的环境影响、存在的安全隐患、引发的社会问题等，准确定位这些要素，企业才能够明确应承担的社会责任。

例如，2020 年我国大量钢铁生产企业花费巨资打造无尘加工车间，加装废气净化设备，这些措施是钢铁生产企业响应国家绿色发展政策的表现，也是钢铁生产企业实现可持续发展的有效措施。

2. 了解相关政策

企业发展不仅要遵守行业相关政策，还需要主动升级运营标准。随着我国商业市场与国际市场的接轨，各种行业政策成了企业实现国际化发展的重要保障。提高企业运营标准，是企业保证及时与国际市场对接的重要举措。

另外，我国政府对利于社会发展的商业活动会进行扶持，从资金、资源双方面给予企业便利条件，企业顺应趋势、响应政策更容易与政府扶持项目对接，成为政策受益者，提升企业发展效果。

3. 把握发展机遇

企业在承担社会责任的过程中也可以把握更多发展机遇，在国家与社会发展中获得更多助力。比如近年来，无数新能源企业得到了更多扶持，企业发展速度远超预期。及时分析国家发展趋势对商业发展产生的有利影响，然后有针对性地调整商业模式，可以让企业获得更多助益。

企业是否在商业模式中融入应承担的社会责任是衡量现代企业商业模式的关键，通过展现应承担的社会责任，企业形象能够有效提升，市场信赖度、用户认可度也能够不断提升。对企业而言，将应承担的社会责任融入商业模式是顺应大势的表现，更是企业走向商业前沿、时代前沿的有效路径。

8.2 企业愿景规划与重塑

市场经济发展随时面临变化，市场迭代、产业升级可能会在极短时间内完成，企业愿景是否与市场趋势长期契合成了当代企业家需要思考的问题。

企业愿景如何融入商业模式、如何体现在员工行为中，需要企业家进行明确规划。企业家应对企业愿景与产业模式、运营方式进行系统化、整体化的结合，以此打造出具有活力的高效组织。如果市场发展与企业愿景出现偏移，企业家需要及时重塑愿景，跟随市场趋向，结合企业特点，定位未来目标，以此确保企业愿景长久为企业发展赋能，企业发展步调与市场长期一致。

8.2.1　愿景规划，学习成功企业家的思维模式

现代企业家应具有战略发展眼光，尤其在进行企业愿景规划时。成功企业家的思维模式能够帮助企业家保持思路清晰，构建合理商业模式，充分发挥自身优势。

下面分析成功企业家必备的八种商业思维。

1. 阵地思维

成功企业家带领企业发展首先会保持阵地思维，即将企业在市场、行业中进行准确定位，并建立稳固根据地，这样才不会让市场变动对企业内部产生巨大影响。

从这一商业思维中可以看出，当代企业家进行愿景规划时需要立足自身资源，明确产业主体优势，以资源优势作为愿景支撑，展开未来发展规划。

2. 趋势思维

成功企业家可以时刻把握市场发展节奏，敏锐感知行业未来发展趋势，紧跟时代步伐，提前制定策略。趋势思维是企业持续发展的基础。

从这一商业思维中可以看出，企业家规划愿景时需要紧跟行业与时代趋势，时刻调整商业模式的核心竞争力，从而实现加速发展。

3. 系统思维

成功企业家的系统思维能力非常突出，面对商业问题时其可以从全局

出发，按照商业系统运作方式思考问题解决方式，并组织团队力量打造“人商合一”的运营系统，进而打造出有价值的生产体系、运营体系及管理体系。

现代企业家进行愿景规划时也可以借鉴系统思维，将企业愿景转化为商业系统，并使其与商业模式匹配。比如，淘宝将“让天下没有难做的生意”转化为电商系统。

4. 焦点思维

成功企业家能清楚定位市场焦点、行业焦点，并对其进行突破。在攻克市场焦点、行业焦点的过程中，企业往往可以获得巨大收益，以及明显的发展成果。

企业家进行愿景规划时找准上述焦点，明确愿景关键，就能够定位企业对接市场的关键，就能够明确企业如何深耕某一领域。比如，华为公司将企业愿景解释为“个性化体验”，这一焦点明确了华为对接市场的方法及员工工作的主要方向。

5. 整合思维

成功的企业家懂得利用一切有效资源，通过团队整合强化企业实力，通过资源整合强化运营效果，通过市场整合建立发展联盟，从而实现共建共赢、成果共享。

在愿景规划过程中，企业家不仅要思考如何利用内部资源达成目标，还要思考如何借助外部力量加速发展，强化发展效果。比如，腾讯公司近年来一直通过资本运作整合各行业力量，以此强化发展效果。这种发展策略正是腾讯公司运用整合思维的体现。

6. 流量思维

在互联网时代流量非常重要，成功企业家清楚如何吸引更多流量。流量思维可以加速企业发展，助力企业运营。

现代企业家进行愿景规划时要注重流量效应，思考企业愿景在商业模式中的展现方式，以及这一方式能否吸引巨大流量。比如，苹果公司每次的发布会都可以吸引巨大流量，这是因为苹果公司将发展愿景体现为超前科技，努力加深技术储备深度，之后有节奏地将储备技术推向市场。

7. 价值思维

成功企业家之所以成功，不是因为其经营着多么庞大的企业，而是因为其可以将商业模式迅速转化为实际价值。当代很多企业家了解商业运作技巧，明晰市场规则，却不能将商业模式迅速转化为实际价值。

企业愿景和商业模式最终通过市场价值衡量，企业愿景规划期间，企业家需要明确愿景如何转化为价值、企业如何提升价值。只有建立了价值转化渠道，愿景规划才有效果，企业发展才有意义。

8. 创新思维

当代企业必须具备创新能力，当代成功企业家必然具备创新思维。在创新思维引领下，企业才能进入差异化发展阶段，企业优势才能凸显。

企业愿景规划需要与创新思维深度结合，在创新思维指引下，企业愿景成为提升产品竞争力的关键，有利于企业打破常规商业思维，逆向思考破局之法。

企业家可借鉴成功企业家的思维，使企业愿景转化为强大的商业动力，从而早日达成企业目标。

8.2.2　重塑愿景

新冠肺炎疫情为全球市场带来了巨大改变，市场中多数企业的发展难度成倍增加，甚至行业变动直接改变了行业发展趋势，颠覆无数企业最初设置的发展愿景。

例如，新冠肺炎疫情发生后，数字行业出现了新领域——数字防疫。很多科技企业转型进入这一领域，利用自身技术优势增强防疫精准性，在承担社会责任的同时，也获得了良好发展。

进入这一领域后，这些科技企业的发展愿景必然重塑，愿景重塑过程中谁能够精准地做到坚守和放弃，谁便可以凭借专注度、领域深度迅速脱颖而出。

【案例拆解】

苹果公司是一家规模庞大、涉及领域丰富的科技公司，其始终坚持着有舍有得的战略发展理念。

例如，苹果公司的业务包含产品研发、团队管理、市场销售和资本运作四方面，其发展重点却始终放在产品研发上。在苹果公司内部，产品研发部门不仅是公司核心部门，还是公司权力核心，产品研发部门甚至可以影响其他部门的运作方式。

很多企业家认为，苹果公司作为一家科技公司，以技术为核心非常正常，这并没有任何独特之处。事实上，苹果公司对技术的注重策略与传统公司完全不同。大多数技术公司的技术研发以市场需求为导向，技术研发成功后再思考技术与产品结合的方式。苹果公司的技术研发则以产品为导向，各项技术诞生在产品升级理念当中。正如乔布斯所说："我坚信如果能够打造出好的产品，用户就会喜欢。他们如果喜欢产品就一定会掏钱买，我们就能赚钱。"所以，苹果公司每一款产品都表现出了技术差异，其市场竞争力非常强大，利润极其丰厚。

苹果公司的发展理念非常适合现代企业用于重塑愿景。愿景重塑是企业转变战略方向的重要举措，需要企业重新塑造市场竞争力，而不是更改发展目标那么简单。这一过程中企业只有做到“有舍有得”，才能够重新定位愿景核心，构建成功的商业模式。

【模式关键】

虽然苹果公司没有进行愿景重塑，但其经历了多次市场迭代，当行业趋势变更时苹果公司能凭借产品性能优势迅速占据市场主导地位，这也是其产品价格高于同行企业但销量始终位居前列的主要原因。

从苹果公司的案例中可以看出，“有舍有得”是企业凝聚强大竞争力的关键，也是企业定位愿景核心的方法。“有舍有得”看似简单，事实上包含了一系列步骤，如图 8.2-1 所示。

图 8.2-1　企业愿景“有舍有得”重塑法

第一步，定位产业核心。企业进行愿景重塑的第一步不是定位发展目标，而是定位产业核心，产业核心对接发展目标，企业才能够准确定位愿景。但如果仅仅定位产业核心，没有定位产业核心竞争力，企业未来发展很难保持稳定，企业愿景也无法落地。

第二步，整合资源优势。定位产业核心后进行资源整合，产业优势才能凸显，企业愿景才能实现。

第三步，定位差异方法。现代商业模式具有差异化的特点，企业愿景重塑过程中，不能仅考虑如何增强内部实力，还需要思考如何减少外部消耗。实现差异化竞争可以加速企业发展，提高企业的市场占有率，树立行业典型，使企业更快达成愿景。企业实现差异化竞争的方式非常多，如结合自身情况打造新竞争优势，便可以达到这一效果。

比如，华为公司在追求手机高性能、长续航、高像素阶段，推出了拍照效果突出的手机，这种发展策略便是差异化竞争思维的体现。2019 年手机用户注重拍照清晰度，这时华为在手机拍摄技术上进行了创新。比如，采用潜望镜式摄像头让手机相机综合变焦能力提升了 10 倍；采用超光谱传感器增强手机颜色捕捉敏锐度，让照片色彩更为突出；采用飞行时间传感器增强手机 3D 感知能力。这些技术创新为华为创造了竞争新领域，也让该款手机成了 2019 年的“爆款”手机。

多变是商业市场的特色，也是时代特色，企业顺应变化的过程中，难免遇到愿景重塑问题，这也是企业面临的市场机遇。企业及时正确审视自身，做到“有舍有得”，往往可以更快达成新愿景，实现新梦想。

8.2.3　持续升级，不断落实企业愿景

企业愿景是企业得以稳定持续发展的力量源泉，明确、清晰的企业愿景有利于企业提升核心竞争力、树立良好的形象，增强员工的向心力与行动力。企业愿景在企业发展中时刻起引导作用。

愿景是企业发展的目标，时代进步过程中，企业离目标也越来越近，甚至部分成功企业已经多次达成愿景。

企业要跟随时代发展，不断升级愿景，确保新目标、新方向能激励企业努力前行。企业愿景升级不是重新设定发展目标，而是完善与拔高企业愿景，通过提出更高、更多要求优化企业发展效果。

【案例拆解】

2019 年 10 月，海信公司举办了企业 50 周年庆典活动，公司董事长周厚健在活动中进行了一场名为《50，海信仍少年》的精彩演讲。这篇演讲稿不仅总结了海信公司 50 年的发展历程，还总结了升级后的企业愿景及价值观。

“岁月作证，青春为歌。50年来，一代又一代的海信人，前赴后继，始终保持勤奋和拼搏的激情，毫无保留地把自己的青春、汗水、泪水甚至健康，一点一滴汇入了海信的大江大河。我们记得办公室、实验室那一盏盏亮到天明的灯，我们记得车间里、卖场中、路途上海信人额头滚落的汗水和面对客户时真诚的笑脸。我们不会忘记，海信不会忘记，时代不会忘记！兴家如同用针挑土，辛酸甘苦我们自知！感谢过去50年为海信发展拼搏奉献的员工们！今天，是你们创造了历史；明天，我们还将携手并肩，共创新的未来！

“岁月不语，自有答案。50年来，海信不乏大胆的设想和义无反顾的行动。原来，电视可以做得这么好，智能技术可以这么强；原来，世界舞台那么大，海信应该去看看；原来，技术没有止境，先进技术也并非专属，我们也能引领世界！感谢为梦想坚守并努力的海信人，念念不忘，必有回响。今天的海信，在商用多联机、智能交通、光通信等产品或领域做到了中国乃至全球第一；今天的海信，不仅保持着多年中国电视占有率第一，还有工信部授予的单项制造冠军和山东省首批互联网独角兽公司荣誉；海信虽是从消费电子和家电产业起步，却稳步迈向了高科技产业，并不断积蓄着技术能量。我们在产业结构调整和升级上用了漫长的十年、二十年证明：只有持续经营战略才能带来长期繁荣，才能孕育出厚积薄发的力量！

“今天，有太多要感谢的人和事；今天，有太多值得纪念和回望的阳光和风雨。海信的每一代人都不能忘记，今天的海信是沿着前人铺就的人梯走到如今的高位的，要饮水思源。前事不忘，后事之师。我们也要甘做后人的人梯，坚持持续经营理念，摒弃短视，绝不投机；海信的每一代人都不能忘记，是亿万用户成就了海信，我们要永远把他们的利益放在第一位；海信的每一代人都不能忘记，海信的发展有赖于客户的不离不弃，我们成为生死相依的命运共同体。

“历史，选择了海信。有大时代的成全，有中华民族崛起的同频共振，有些许的运气和偶然，但关键是海信 50 年不改的初心和坚持，是团队的风清气正和昂扬斗志！ 50 年来，海信踏踏实实做好每一件事。企业发展慢了，不怕；企业发展快了，不骄。因为我们坚信：质量，是海信的生命；人才，是海信的底气；诚信，是写进海信名字里的承诺；技术，是海信最坚实的护城河！

“今天，站在前人给我们奠定的坚实根基上，面对瞬息万变的全球市场和社会变革的洗礼，面对无处不在的压力、冲击、诱惑和陷阱，我们将以‘建百年海信，成为全球最值得信赖的品牌’为愿景，以‘用户至上、务实创新、诚实正直、永续经营’为价值观，拥抱世界，感恩用户。今年，海信的海外收入占比已接近 40%，发展大头在海外的海信，正从黄海之滨快速驶向广阔大洋，开启一个属于海信的波澜壮阔的大航海时代。”

周厚健的这段演讲令人极为振奋，其对海信发展历程的总结相当精准。从这段演讲中海信人可以感觉到企业对自己的认可，同时企业对未来的正确认知也让海信人明确了发展方向，明确了行为准则，企业领导者的鼓励让海信人燃起实现企业新愿景的激情，因为这一愿景也指明了海信人实现自我价值的正确道路。

【模式关键】

当代很多企业都在配合市场发展升级企业愿景，但无论企业愿景如何升级，部分员工很难被触动，这主要是因为企业愿景升级方式与落实方式存在问题。

企业愿景的升级与落实与企业内部存在紧密关系。海信、阿里巴巴等企业成功升级愿景、落实愿景的策略充分表明，升级与落实企业愿景的时候需要注重四要素，如图 8.2-2 所示。企业要在此基础上结合自身特点、